院士讲科学

成就孩子科学素养

中国工程院新闻办公室　编

科学普及出版社

·北　京·

图书在版编目（CIP）数据

院士讲科学：成就孩子科学素养. 第二辑 / 中国工程院新闻办公室编. —北京：科学普及出版社，2017.4
ISBN 978-7-110-09096-1

Ⅰ．①院… Ⅱ．①中… Ⅲ．①科学知识－青少年读物
Ⅳ．①Z228.2

中国版本图书馆CIP数据核字(2017)第065240号

总　策　划	《知识就是力量》杂志社	
策划编辑	彭　婕	
责任编辑	李银慧	
文字编辑	朱文超	
美术编辑	胡美岩　曲　蒙	
封面设计	胡美岩	
版式设计	曲　蒙	
文字整理	马之恒	
责任校对	杨京华	
责任印制	徐　飞	

出　　版	科学普及出版社	
发　　行	中国科学技术出版社发行部	
地　　址	北京市海淀区中关村南大街16号	
邮　　编	100081	
发行电话	010-62173865	
传　　真	010-62173081	
网　　址	http://www.cspbooks.com.cn	

开　　本	720mm×1000mm　1/16	
字　　数	315千字	
印　　张	15.25	
版　　次	2017年4月第1版	
印　　次	2018年5月第2次印刷	
印　　刷	北京盛通印刷股份有限公司	
书　　号	978-7-110-09096-1 / Z·215	
定　　价	48.00元	

注：参编单位还有中国工程院科学道德办公室和北京青少年科技中心

2016年5月30日，习近平总书记在全国科技创新大会、两院院士大会、中国科协第九次全国代表大会上指出，要把科学普及放在与科技创新同等重要的位置。没有全民科学素质普遍提高，就难以建立起宏大的高素质创新大军，难以实现科技成果快速转化。希望广大科技工作者以提高全民科学素质为己任，把普及科学知识、弘扬科学精神、传播科学思想、倡导科学方法作为义不容辞的责任，在全社会推动形成讲科学、爱科学、学科学、用科学的良好氛围，使蕴藏在亿万人民中间的创新智慧充分释放、创新力量充分涌流。

"少年智则国智。"纵观当今世界，能够让科学的智慧薪火相传，始终是一个国家和民族肩上沉甸甸的科学使命，而创新更是一个民族进步的灵魂。普及科学，播下创新的种子，才能令少年在未来承担得起建设科技强国的重任。沉浸于科学知识中的孩子，理性思维与精神视野都会更加开阔，科学素养也会得到大幅度提升。

一本优秀的科普图书，就是一方能让青少年的科学创新思维生根发芽、茁壮成长的沃土。《院士讲科学：成就孩子科学素养（第二辑）》凝聚了19位院士在工程科技领域智慧的图书。我们的工程院院士，用一篇篇凝聚着心血的文章，介绍当代璀璨的科技成果背后的探索故事，他们倾囊相授，通过真切的讲述以及一张张科技图片，院士的科研成果、科研人生、科研精神跃然纸上，娓娓道来，如春风化雨般，给青少年以科学创新的养料。翻开本书，你将看到前沿的

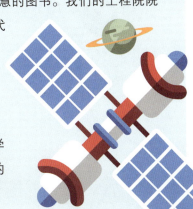

工程科技智慧，囊括天文、航空、航天、气象、新能源、通信、物联网、建筑、环境保护、交通、测绘、核能等诸多热点领域的科技创新精华。你将会发现，原来科学的天空如此广阔！

我们衷心希望，通过这本图书，能让更多的青少年朋友领略院士们的科学思想，了解他们在勇攀工程科技巅峰这条漫漫科研路上的执著追求。我们也衷心希望，青少年朋友能从院士的亲身讲述中，发现科学，认识科学，热爱科学，探索科学。能够看到神秘的宇宙、浩瀚的海洋、多彩的大自然、神奇的现代科技……

目录 Contents

Contents 目录

第二章 着眼环境，守护家园

目录 Contents

◎ 从"一穷二白"起步，中国成长为世界上重要的航天大国。

◎ 中国自主研发的"北斗"卫星导航系统，挑战GPS的霸主地位。

◎ 凭借同时跟踪多个目标的异能，相控阵雷达成为现代军队的索敌利器。

◎ 在雪域高原上延伸的铁路，让这片古老土地搭上发展的快车。

◎ 研制性能出色的飞机，有赖于航空发动机技术的进步。

◎ 人民军队坚决回击敌对势力的空中挑衅，捍卫国家的尊严。

第一章

强国之路，奋进征程

认真学好本领
为祖国的伟大复兴
做贡献

景海鹏

二〇一六年

栾恩杰，导弹控制技术和航天工程管理专家，中国工程院院士，国际宇航科学院院士。现任国家国防科工局科技委主任，中国科协荣誉委员，曾任国防科工委副主任兼国家航天局局长。他参与组织、主持了中国首型潜地战略导弹和首型陆基机动中程战略导弹研制，提出陆基机动中程战略导弹"型谱化、系列化"发展思路，适应了发展需求；他也参与组织、主持中国首次月球探测工程，提出深空探测"探、登、驻（住）"和"绕、落、回"的技术发展路线，开辟了深空探测新领域。

栾恩杰院士：

中国人的太空征程

💬 摘要　2016年，中国决定将每年4月24日确立为"中国航天日"，以宣传航天精神、普及航天相关的科技知识。那么，"航天精神"究竟是如何形成的？中国如何从"一穷二白"开始，掌握了处于人类科技体系顶端的航天技术？一批批中国航天人的智慧与奉献，成为中国在这个领域赶超世界的关键。中国人的太空征程，是一部波澜壮阔的史诗。

航天，从百废待兴中崛起

2016年，中国决定将每年4月24日确立为"中国航天日"。对于所有的航天工作者来说，这都是一则振奋的消息，中国的航天事业，终于有了自己的节日。

中国的航天事业，起步于新中国成立初期的1956年。经过60年的努力奋斗，中国航天取得了让世人惊叹的伟大成就。

1957年10月15日，中国与苏联签订了《中苏国防新技术协定》，开始引进苏联的航空、航天与核能技术，并在其基础上进行逆向工程，也就是根据已有的实物来重新绘制图纸，准备用8年的时间掌握这些尖端国防技术。但在1959年夏天，中苏关系走向恶化。苏联撤回所有的援华专家，并废除了《中苏国防新技术协定》。当时，中国正因为严重的天灾，以及先前的"大跃进"运动等经济政策失误，面临着严重的物资匮乏和饥馑。苏联撤回援助的做法，令中国的境遇雪上加霜。

这一事件使中国意识到，最先进的国防科技是不可能通过购买来获得的。再加上美国等西方发达国家因为敌视社会主义新中国，对很多重要的高科技设备实施禁运。这样的时局，使中国决定走出一条自力更生的道路，真正实现新中国成立之时"站起来"的誓言。

1960年，在苏联撤回专家之后，中国仍然完成了对苏联P-2导弹的逆向工程，根据这种实际上是基于V-2开发的短程弹道导弹，研制出了东风-1弹道导弹。此后，中国开始了独立研制弹道导弹的征程，第一种真正装备部队的弹道导弹东风-2，在1964年研制成功。

弹道导弹的飞行轨道无须环绕地球；而如果研发人员进一步提升导弹的推力，直到可以让它负载的航天器能环绕地球运行，就进入了航天发射的领域。1970年4月24日，中国成功发射了东方红一号人造地球卫星，成为世界上第五个拥有人造卫星发射能力的国家。

掌握了航天技术，也意味着具有发展弹道导弹全球打击能力的基础。在研制

○陈列在中国人民革命军事博物馆里的东风-1导弹

○东方红一号人造卫星模型

陆基远程弹道导弹和洲际弹道导弹的同时，中国也开始自主研制核潜艇，并开发在核潜艇上发射弹道导弹的技术，以增强遭受核打击之后反击的能力。

不同于以柴油机和电动机为动力的常规潜艇，核潜艇可以在水下长时间高速航行，不必为充电而上浮，拥有更好的隐蔽性。如果未来发生核战争，陆基核导弹往往会被摧毁，无论被固定在发射架上还是藏在发射井里，生存力都不算高；只有通过公路或铁路机动的核导弹会有稍高一些的生存力。但潜藏在茫茫大洋深处的核潜艇，是极难被发现和探测的。因此，在其他核武器都被摧毁的情况下，弹道导弹核潜艇通常代表着最后的核反击能力。

20世纪50年代，美国和苏联相继掌握了核潜艇技术。中国也意识到了核潜艇的战术和战略优势，并希望苏联在这方面予以援助，但遭到了拒绝。苏联认为，当时的中国工业基础太差，不足以制造核潜艇这样的高技术武器。苏联的高傲，极大地刺痛了中国老一辈革命家的自尊。

于是，中国从几张国外报纸上模糊的新闻照片以及美国制造的核潜艇玩具模型起步，逐渐摸清了核潜艇的秘密。1982年和1988年，中国两次成功地从核潜艇上试射弹道导弹，终于掌握了这种对于核反击来说极为关键的技术，使国家安全从此更有保障。

◎行驶在海洋中的核潜艇

V-2导弹

第二次世界大战后期，纳粹德国部署的V-2导弹，是世界上第一种弹道导弹。在1940—1941年的不列颠空战中，德国空军损失惨重，使德国不得不放弃入侵英国的计划。英国由此免于被占领的命运，并演变为西欧反抗法西斯征服和统治的大本营，最终在1944年6月成为诺曼底登陆战役的准备和出发地。面对西线盟军的攻势，德国凭借在喷气式发动机和火箭技术等方面的优势，部署了名为"复仇性武器"（Vergeltungswaffe）的V-1巡航导弹和V-2弹道导弹。

从1944年6月到1945年3月，德军总共发射了大约3000枚V-2导弹。不同于速度较低的V-1导弹，V-2以当年的技术无法被拦截，尽管命中率有限，但仍然引发了一些恐慌。战争末期和战后，美国和苏联等战胜国瓜分了德国的技术成果。对V-2导弹的研究，成为人类进入航天时代的关键。

航天，需通力协作的结晶

中国航天事业的每一项进步，都是许许多多的人通力协作的结晶。比如，中国正在进行的"嫦娥"探月工程，就有数百个单位近万人参与其中。

航天发射需要用到火箭，每一枚飞向太空的火箭，都涉及多个工业部门。以目前较为常用的长征三号乙火箭为例，它的总质量是561吨，其中推进剂占420

○长征三号乙（CZ-3B）运载火箭

吨，也就是说，火箭总质量的80%是推进剂。推进剂是化工产品，火箭本身有相当多的部分属于有色金属产品，电子设备属于电子产品，而航天研究人员的职责是进行总体设计。对于航天来说，这些工业和研发部门缺一不可；没有全国各部门的配合和各配套部门的支持，就不会有航天工程的成就。

除了直接参与航天工程的人们，还有一些国家机关也间接参与到了航天工程之中。为了保卫航天器的安全，一些人甚至献出了生命。

1990年4月7日北京时间21时30分，历尽波折的亚洲一号卫星（简称亚星一号）顺利发射升空。中国制造的火箭，把卫星精确地送入轨道，从而帮助卫星省下了姿态调整所需的燃料。卫星的服役期很大程度上取决于它搭载的燃料，如果为调整轨道消耗太多，服役期里可以用于维持轨道高度的燃料就会变少。对于亚星一号这样的商用卫星来说，延长寿命意味着巨大的经济效益。这颗卫星上安装了24个转发器，每个转发器一年的租金高达100万美元。精确入轨使卫星的寿命至少延长了半年，由此产生的经济效益是非常可观的。2003年4月，这颗卫星完成历史使命，光荣退役。

延伸阅读

亚星一号的曲折"前世"

20世纪80年代初，美国休斯飞机公司为美国西联电报公司（著名的国际汇款服务商）设计制造了一颗全新的地球静止轨道通信卫星，命名为西星六号。

1984年2月，美国挑战者号航天飞机携带这颗卫星及另一颗属于印度尼西亚的棕榈棚B2卫星进入太空。但两颗卫星脱离航天飞机后，卫星上的近地点发动机均没有按预定计划点火，因而两颗卫星均未能进入预定轨道，发射失败。

承保卫星发射的保险公司在理赔卫星发射失败后，得到了这两颗卫星的所有权。保险公司发现，这两颗卫星技术状态良好，回收它们是划算的，于是委托休斯飞机公司和美国宇航局共同完成卫星回收任务。

1984年11月，发现号航天飞机发射升空，宇航员与机载机械臂配合，成功回收了这两颗卫星。而后，西星六号被送回休斯飞机公司进行检修，专家们认为，这颗卫星可在翻新后重新出售。1988年，西星六号被卖给了刚刚成立的亚洲卫星有限公司。两年后，它以亚星一号的新身份，重新活跃在太空之中。

中国航天事业前景广阔

进入21世纪，中国的航天事业陆续取得了多项令人惊叹的成就。我们发射了"神舟"系列载人飞船，将航天员送入太空并掌握了太空行走技术；"嫦娥"系列月球探测器实现了测绘月球和着陆月球的目标；"天宫"系列空间站也取得了引人注目的成就。

但中国在航天领域的脚步不会就此

○天宫一号空间站与"神舟"飞船对接模型（摄影 吕之恒）

○ 长征2F运载火箭模型（摄影/马之恒）

○ "嫦娥"探月计划工艺品（摄影/马之恒）

停止。在海南省，兴建了新的文昌发射中心，从而为研制更大型的火箭提供可能性。此前，中国的航天发射基地都建在内陆，因此火箭直径要受制于铁路运输对货物宽度和长度的规定，再加上酒泉发射中心和太原发射中心纬度较高，火箭的发射能力受到了很大的限制。但海南文昌发射中心处于低纬度的沿海地带，不仅可以更好地利用地球自转来"助力"，而且火箭可以用船来运输，这就为大幅提高航天发射的运载能力提供了可能。

更好的火箭运载能力，也为更多富有吸引力的航天计划提供了可能。未来，中国会发射更大规模的空间站，并着手用自己的火箭发射火星探测器，最终实现登陆火星开展勘测乃至采样返回的目标。在卫星领域，中国也会致力更高分辨率的对地观测卫星的开发。此外，中国也有可能开展一些与探测月球有关的航天计划。

在"十三五"规划里，中国为未来的航天工程描绘了宏伟的蓝图，几乎所有的航天领域里，都有值得期待的科研计划。通过此前数十年的赶超，中国的航天技术达到了世界先进水平；未来，我们需要继续保持在航天技术的"第一梯队"里，而这有赖于新生力量的成长，或者说航天知识、航天精神的传承。

END

Q 目前，中国会承接一些国际商业航天发射任务，如果发射失败、发生纠纷，通常会如何解决？

栾恩杰： 我亲历过一次这样的事故。当时的情况是，中国的火箭发射一颗美国卫星，在火箭飞行过程中，火箭最前方的整流罩解体，导致卫星丢失。直到最后入轨分离的环节，我们才知道真正到达太空的只有最末一级火箭，而没有卫星。

这显然是一次失败的发射，虽然火箭看起来飞行正常，但最后并没有完成任务。事故发生之后，保险公司会理赔那颗卫星的经济损失，而对于航天科技工作者来说，仔细分析失败的原因并在以后避免失败，也是职责所在。中国航天技术人员向美方详尽描述了整个过程和失败的原因，与美方分析基本一致。失败的发射肯定带来了经济损失，但扎实的事后分析，不仅没有让外国客户失去信心，反而让他们认为中国的航天技术值得信任。在美国这样的航天强国面前，中国的航天技术并不落后。

Q 我们常常在科技新闻中看到关于"一箭多星"的发射案例，也就是用一枚火箭发射多颗卫星。这是如何实现的？

栾恩杰： "一箭多星"是一种优越的发射方式，通过预设的程序，可以让一组卫星依次从火箭中释放出来，但这种技术并不容易掌握。用一枚火箭发射多颗卫星的时候，卫星可能需要前往不同的轨道；而且每一枚（或一批）卫星"下车"之后，火箭的力学特性也会发生改变。所有这些，都成为"一箭多星"发射中的难题。

在航天史上，"一箭多星"任务有若干值得分析的失败案例，它们往往可以归因于对技术细节的忽视。比如说，某种"一箭双星"任务的发射程序，是首先放出第一颗卫星，再以它离开火箭为第二颗卫星释放的条件。假如任务临时变更，只在火箭里放了第二颗卫星（原本需要后出来的那一颗），而程序未做修改，那么就很可能导致星箭分离失败，使整个发射任务功亏一篑。因此，在"一箭多星"发射任务中，我们需要格外注重细节，因为细节决定成败。

不断刷新的"一箭多星"纪录

得益于微小卫星和纳型卫星技术的进步，今天的人造卫星在保持功能完整的同时，可以被做得很小。这使执行"一箭多星"任务的火箭，有可能携带更多的卫星。2017年2月，印度用极轨卫星运载火箭PSLV，一次性将104颗卫星发射升空，刷新了"一箭多星"发射任务的世界纪录。这些卫星中最大的一颗，是714千克的高分辨率遥感卫星"Cartosat-2D"；其余103颗卫星，则都属于微小卫星或纳型卫星的范畴，因此所有卫星总质量仅有1378千克。

在此之前，"一箭多星"任务的世界纪录，是由2014年6月的一枚"第聂伯"运载火箭成功发射37颗卫星保持的。"第聂伯"运载火箭是乌克兰与俄罗斯在需要销毁的SS-18洲际弹道导弹基础上改造而成的，这种火箭从它们原来部署的发射井中发射，而且得益于"废物利用"的性质，成本极为低廉。作为其前身的洲际导弹，原本就是为携带分导弹头而设计，运载能力也极为强大，这成为"第聂伯"运载火箭执行"一箭多星"任务的先天优势。

○火箭搭载卫星升空

栾恩杰：
守望中国探月工程

"意外"走入导弹研发领域

　　1960年，20岁的栾恩杰从齐齐哈尔铁路第一中学（今天的齐齐哈尔中学）考上了哈尔滨工业大学。栾恩杰入学的时候，正好赶上了哈尔滨工业大学创建尖端专业和专业调整。于是，原本报考电机系的他，被转到了自动控制系，学习陀螺原理和惯性导航，成为导弹研究领域的储备人才。这个偶然的专业调整，奠定了他一生的事业方向。

　　母校对学生"规格严格、功夫到家"的要求，也塑造了栾恩杰的学术素养。"所谓'规格严格'，就是做事要有规矩、有纪律；'功夫到家'则是要学到根本，用学到的案例总结出方法，再去应对新的挑战。"他说，"导弹和宇宙火箭都是惊人复杂的系统，每一次发射都是'细节决定成败'，一个螺丝钉或者一根导线的瑕疵，可能毁掉一次发射，造成数亿元的损失。为一个新的研究项目设计控制系统，需要用到大量艰深的高等数学知识，'读死书'肯定也应付不来，唯有学到了方法，才有可能顺利地完成任务"。

　　从哈尔滨工业大学毕业之后，栾恩杰又顺利地考上了清华大学精密仪器与自动控制专业研究生。1968年，从清华大学研究生毕业的他奔赴内蒙古，进入了刚刚建立的国家固体火箭研究院，进行固体导弹的研制工作。在这里，栾恩杰和他的同事们在老一代科学家的带领下，研制出了中国第一型潜地导弹，填补了中国国防体系的一项空白。

航天工程"细节决定成败"

　　带着在导弹领域的建树，栾恩杰来到了航空航天部。刚到部里不久，领导就将亚星一号的发射任务交付给他。这颗卫星曾由美国发射，但未能入轨。此后，美国派出航天飞机，在太空中寻获了这颗卫星，带回地球

○与工作人员关注火箭加注情况

经过修理之后，卖给了亚洲卫星公司。这家企业想找发射质量好、价格合理又可靠的机构来发射，于是，中国航天人承担起了这项责任。

这是中国第一次承揽国际航天发射业务，也是中国的长征三号火箭首次进行商业发射，将卫星送到36000千米的地球同步轨道，于中国的航天事业可谓意义非凡。栾恩杰回忆说："我们接到任务后，心里憋着一股劲，一定要为国家争口气。"最后，中国人不仅圆满地完成了任务，而且超过了合同所要求的标准。亚洲一号卫星的入轨精度非常高，使卫星的使用寿命至少延长了一年。

◎ 在型号定型会议上签字

在准备亚星一号发射的过程中，栾恩杰就将"注重细节"做到了极致。在航天发射中，将卫星装进火箭之后，需要撤除卫星上的铅封，以免在发射时造成难以控制的碰撞或者电路短路，威胁火箭和卫星。在准备带着火箭转场的时候，有人发现丢失了一枚铅封，栾恩杰和质量局长在火箭里面、组装现场乃至垃圾堆里翻找，都没有找到，反而在火箭重新组装的时候，发现了另一枚先前丢失却无人知晓的铅封。"这样一来，原本一个问题成了两个，我们既不知道丢失的那枚铅封到底去了哪里，也不知道这枚突然出现的铅封为什么此前没有被报失。"栾恩杰回忆说，"这个很小的问题，耽误了我们若干天时间，方才得以解决，但毕竟为即将升空的火箭消除了隐患。"

促成"嫦娥奔月"的"铁三角"

2004年，已经64岁的栾恩杰又多了一个头衔——"嫦娥"探月工程总指挥。他与分别担任应用科学首席科学家和总设计师的两位中国科学院院士欧阳自远、孙家栋，被誉为探月工程的"铁三角"。

"嫦娥"探月工程是中国第一个深空探测工程。栾恩杰将它规划为"绕、落、回"3个步骤进行。也就是说，总共6枚探测器将被发往月球，先后达成绕月飞行、软着陆和返回等目标，不断收获阶段性的成果，最终让中国人能够收获珍贵的月球岩石标本，并且对月球有全面的了解。如果奇数序号的探测器成功完成任务，它后面那枚用作备份的偶数序号探测器就会被赋予另外的任务，得到一些额外的天文学成果。

"地球耕耘六万载，嫦娥思乡五千年。残壁遗训催思奋，虚度花甲无滋味。"这是2004年1月中国探月工程被批复并正式启动时，栾恩杰写下的诗句。此后，在中国航天人的努力下，嫦娥一号探测器在探月工程启动仅3年后就发射成功。它的轨道控制如同教科书一般精确。

在嫦娥一号取得成功之后，原本作为备份的嫦娥二号经过改进再度出发，又取得了非凡的成果。它的分辨率从嫦娥一号的120米提高到7米，精确度提高了近20倍。

2015年2月10日，国际天文学联合会决定将国际永久编号为102536号的小行星命名为"栾恩杰星"，以表彰中国探月工程为人类天文学和航天技术进步做出的贡献。与许许多多中国历史上的伟大人物一样，情系航天和星空的栾恩杰，将自己的名字留在了群星之中。

欢迎参与北斗系统
建设，造福人类。

韩正
2016.7.25.

　　谭述森，卫星导航系统总体设计专家，中国工程院院士。长期从事大地测量装备和卫星导航系统设计论证与应用研究，任"北斗"卫星导航系统工程副总设计师，参与了"北斗"系统三个发展阶段的顶层设计与研制建设，是"北斗"卫星导航系统的主要开拓者和建设者之一。

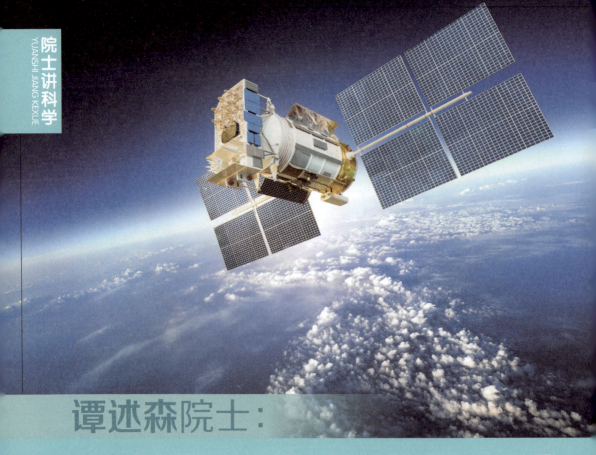

谭述森院士：

从"中国北斗"到"世界北斗"

摘要　　现代社会，卫星导航系统已经是人们长途出行不可或缺的工具，在抢险救灾、军事指挥、精准农业等领域，也发挥着重要的价值。"北斗"卫星导航系统是中国自行研制的全球卫星导航系统，它是继美国全球定位系统（GPS）、俄罗斯"格洛纳斯"卫星导航系统之后，第三个成熟的卫星导航系统。到2020年按照计划，"北斗"的导航服务将覆盖全球，从"中国北斗"成为"世界北斗"。而信息时代人类对导航与通讯服务的需要，也给卫星导航系统提出更高的要求。

从航天萌芽到卫星导航

1957年10月4日，苏联将世界上第一颗人造卫星斯普泰尼克一号送入太空，开启了人类的航天时代。美国对苏联首先掌握航天发射技术深感震惊，在跟踪这颗卫星的过程中，美国霍普斯金应用物理实验室的科研人员无意中发

现，收到的无线电信号会出现多普勒频率转移效应，也就是卫星飞近地面接收机时，收到的信号频率会逐渐升高；而飞过以后，频率就逐渐降低。

这种现象使美国科研人员认识到，卫星的运行轨迹可以由卫星通过时，人们所测得的多普勒频移曲线来确定。相反，根据同样的原理，如果人们知道了卫星的精确轨迹，就能够确定接收机的位置。这一有趣的发现，成为卫星日后运用于导航服务的技术基础。

在进入航天时代之前的漫长时间里，人类已经发展出了很多种导航的方式，比如利用日月星辰等自然天体导航，可以在野外和大海上不至于迷失方向。航海领域使用的六分仪，就是通过测量自然天体与海平面的夹角，推算出船只所在的经纬度。在航空时代的早期，一些飞机（特别是水上飞机）也配备了六分仪，在无线电导航尚不完善的时代，让远程航线上的飞机不至于迷航。

无线电技术完善之后，无线电导航流行起来，提供了比使用自然天体导航更高的精度。但无线电导航也有其劣势，那就是受制于地球曲率而无法覆盖全球。所以，人类迫切需要一种人造天体来兼顾这两类已有导航方式的优势。人造卫星就提供了这样的可能性。

从1958年开始，美国为解决"北极星"核潜艇在深海航行和执行军事任务时需要精确定位的问题，开始研制军用导航卫星系统。1964年，这套被命名为"子午仪"的卫星导航系统竣工并为美国海军所用，1967年又开放民用导航服务。直到1996年，随着GPS竣工，"子午仪"方才退出历史舞台。

"子午仪"的导航原理，就是使用卫星移动所产生的多普勒频移。在每一个偶数的分钟（每小时整点和第2分钟、第4分钟、第6分钟……依次类推）开始的时候，卫星会播发一组轨道参数信息。卫星以一定的速度环绕地球运转，因此与地面用户的接收设备存在相对运动。接收设备测量卫星信号的多普勒频移，再据此经过一系列复杂的运算和修正，得出位于地球表面的用户（比如某一艘船）的位置。但这样的系统设计也有其缺点，那就是不能做连续定位。

在美国之后，苏联也在20世纪70年代开始建造"格洛纳斯"卫星导航系统。但因为苏联的卫星和电子产品设计水平与美国存在差距，航天发射系统也不够可靠，所以"格洛纳斯"的卫星寿命和建造速度都远远不如美国。时至今日，"格洛纳斯"卫星导航系统的工作仍然不稳定，一部分早年发射的卫星已经损坏。能够接收"格洛纳斯"信号的设备，也因为如今俄罗斯电子工业水平较低，而往往过于笨重。

而美国1994年建成"全球定位系统"（GPS），如今已经成为卫星导航系统的代名词。GPS由24颗卫星组成，也就是21颗"工作星"和3颗"备用星"。它们工作在互成60°的6条轨道上，确保全球任何地方、任何时间，都可观测到4颗以上的卫星。GPS导航系统的基本原理，是测量出至少4颗已知位置的卫星到用户终端（接收机）之间的距离。这些数据可以测定地球表面的一个确定的点，从而知晓用户的具体位置。

延伸阅读

第一颗人造地球卫星

1957年10月4日，苏联发射了人类第一颗人造卫星斯普泰尼克一号。"斯普泰尼克"是俄语"旅伴"的音译，意指这颗卫星是地球的"伴侣"。卫星由苏联火箭专家谢尔盖·帕夫洛维奇·科罗廖夫利用导弹改制而成，外观是一个铝制的球体，直径58厘米，质量83.6千克，在球体后方装有4根鞭状天线，内部装有科学仪器。

斯普泰尼克一号发射升空后，向地球发射无线电信号3个星期，在轨道中度过3个多月，围绕地球转了1400多圈，最后坠入大气层消失。它的出现，使美苏太空竞赛就此拉开帷幕。

中国"北斗"的"三步走"

卫星导航系统是重要的空间信息基础设施，直接关系着国家安全。相当多的卫星导航服务需求，来自军队的卫星制导武器和远离陆地的舰艇、战机。如果卫星导航系统完全依赖国外，一旦发生战事，军队收到的卫星导航信号就有可能消失，或者出现被误导的可能性。此外，还有一些涉及国家安全的领域，比如航空客货运，也需要用到卫星导航系统，显然同样不能完全依靠国外。

因此，中国高度重视卫星导航系统的建设，一直在努力探索和发展拥有自主知识产权的卫星导航系统。中国自行研制的"北斗"全球卫星导航系统，是继美国GPS、俄罗斯"格洛纳斯"卫星导航系统之后，第三个成熟的卫星导航系统。它可以在全球范围内，全天候、全天时为各类用户提供高精度、高可靠的定位、导航、授时服务，并具备短报文通信能力。目前，"北斗"已经初步具备区域导航、定位和授时能力，正在向着2020年覆盖全球的目标稳步迈进。

"北斗"的发展大体走过了三"步"。2000年，中国首先建成了"北斗"卫星导航试验系统，又称双星定位系统或者北斗一号。它由3颗离地约36000千米的地球同步卫星组成，其中两颗为工作卫星，分别定点在东经80°、东经140°的上空；一颗为在轨备份卫星，定点在东经110.5°。"北斗"卫星导航试验系统可以实现区域连续的导航定位、简短数字报文通信和授时功能，它使中国成为继美、俄之后，世界上第三个拥有自主卫星导航系统的国家。

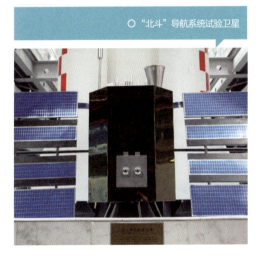

○ "北斗"导航系统试验卫星

在"北斗"卫星导航试验系统成功的基础上，中国从2010年开始密集发射"北斗"卫星导航系统所用的卫星（2007年曾经发射过一颗测试星），搭建这个将服务于全球的"正式"的卫星导航系统。2012年底，"北斗"使用已经发射成功的14颗卫星组网，正式开始为亚太区域提供服务。按照设计，它最

终会在2020年走完第三"步"，也就是用5颗静止轨道卫星和30颗非静止轨道卫星，实现覆盖全球的导航服务。

定位、导航、授时和短报文通信，是"北斗"最主要的功能。这些功能彼此间的有机组合，会使"北斗"在很多领域都有用武之地。

比如说，中国和菲律宾在南海存在领海方面的纠纷，因此菲律宾的海岸警卫队有时会进入争议海域执法，扣押在那里捕鱼的中国渔船。在没有"北斗"系统的情况下，渔民们很难向祖国报告这一情况，不利于两国间的交涉和对被扣渔民的营救工作。但通过"北斗"系统的定位和短报文通信功能，渔民们就可以及时汇报自己被扣押时的位置和一些执法细节，以便于中国方面接下来开展行动。

在中国的高速公路上，长途客车的超载、超速和疲劳驾驶，以及违规停车上下客等行为，往往成为交通事故的重要原因。长途客车站的出站检查，只能检查出站时车辆是否超载，而不可能遏制那些发生在运输途中的违规行为；依靠交通警察设卡检查也不现实。但如果在长途客车上安装"北斗"卫星导航系统的接收机，我们就可以测出车辆的运行速度，并通过连续运行的时间来判断是否有疲劳驾驶的可能性；如果配合电子地图，还可以发现一些不寻常的停车，从而降低违章停车导致高速公路追尾车祸的概率，也间接杜绝超载行为。

"北斗"也可以成为精准农业的组件之一。在预先测量出每一块土地的位

○ 卫星导航系统服务于人类生活

置和尺寸，并选出最适合种植的作物之后，装有"北斗"卫星导航系统接收机的农业机具，就可以自动完成整个农业耕作流程：谷物精密播种机可以自动选择作物品种，并自动调节播量和播深；自动定位施肥机可以根据每块农地的地力和种植情况，自动选择调控化肥的配比；自控喷药机可以根据病虫害情况，自动完成喷药流程；定位喷灌机可以根据每块农地的需求，分别控制喷水量。正是得益于卫星导航系统的指挥，一些区域的现代化农业才可以自动运行。

卫星导航未来前景无限

在可以预见的未来，除了美国的GPS、俄罗斯的"格洛纳斯"和中国

的"北斗"，欧洲也在建造覆盖全球的"伽利略"卫星导航系统。这4个全球性的卫星导航系统，加上日本和印度的区域性卫星导航系统，即日本的"准天顶"区域导航卫星系统和印度的区域导航卫星系统，世界上将会有6个不同的卫星导航系统在运行。这种多个卫星导航系统共存的局面，使卫星导航未来的发展，既存在机遇又面临挑战。

每个卫星导航系统都需要大量的卫星来组成，随着卫星到达设计寿命，或者导航系统需要提升精度，都需要发射新的卫星。而能够供这一类卫星使用的轨道容量是有限的，有一定"先到先得"的性质。因此，有意兴建卫星导航系统的国家（或地区），都在努力争取占有更多的发射卫星（被称为"星

座"）的权限。

随着导航系统和卫星数量的增长，卫星导航所用的无线电频率，也成为稀缺的资源。因此，在争夺发射卫星权限的同时，有意兴建卫星导航系统的国家（或地区），也在争夺己方导航系统可以占用的无线电频率。

多系统融合与各个导航系统之间的兼容互操作，也是卫星导航系统的发展趋势。卫星导航系统的功能将不再仅仅局限于导航或者定位，而会是与通信功能结合起来。中国"北斗"提供的短报文通信功能，就体现了这样一种趋势。我们甚至可以说，仅仅拥有定位、导航功能的卫星导航系统，在

未来将会让位于多系统融合的卫星导航系统。与此同时，由于多个导航系统并存的现实，各个导航系统之间的兼容互操作，也成为未来发展的必然方向。现在，确保各个导航系统之间实现兼容互操作，也就是消除或减轻各系统之间差异化因素带来的影响，是各国技术研发的核心内容，也正在成为各国维护核心利益的手段。

未来，更高的导航精度，以及更多样化的功能，势必会成为卫星导航系统发展的目标。信息技术、物联网等领域的发展，使卫星导航也拥有良好的发展前景。

END

○GPS全球定位系统在智能手机上的应用

观众问答

Q 如何理解不同卫星导航系统之间的"互操作性"？

谭述森：　"互操作性"也称为"互用性"，在卫星导航这个领域，指的就是不同的系统一起工作并共享信息的能力。如果用日常生活中常见的事物来打比方，我们可以在安装了Windows操作系统的个人计算机上编辑好一个后缀名为".doc"的Word文档，再通过数据线或其他方式传到某一部手机里。手机的操作系统有可能是安卓或者iOS，与个人计算机所用的Windows操作系统有很大不同，手机的硬件结构和个人计算机的差异也会很大，但如果手机上安装了专用的软件，我们仍然能够读取Word文档并对它进行编辑。

○电脑及手机文档之间的"互操作性"

　　卫星导航系统的"互操作性"与此类似。各国科研人员正在努力消除各自的导航系统彼此间的差异，同时让接收设备可以适应不同的导航系统。如今，有一些智能手机已经能自动选择卫星导航系统，比如中国制造的某些中高端智能手机，就能在GPS和"北斗"之间切换，为用户提供更好的导航服务。

Q 卫星导航系统使用的无线电波段是怎么确定的？

谭述森：卫星导航系统的卫星使用无线电波与地面通信，因此会占用一定的无线电波段。在国际上，根据无线电波的长度和被人类利用的先后顺序等因素，将无线电波划分为L、S、C、X、Ku、Ka、W等波段。L波段的频率通常是1~2 GHz，在这个范围之内，各国的卫星导航系统会分享一定的频率。不过，随着现在卫星导航系统越来越多，L波段已经显得很拥挤，因此现在世界各国已经在探讨，将S波段（2~4 GHz）中空闲的部分也划给卫星导航系统，以免未来出现导航系统相互干扰的情况。

阿瑟·克拉克与"克拉克轨道"

英国人阿瑟·克拉克爵士与美国人罗伯特·海因莱因和伊萨克·阿西莫夫，并称为"20世纪三大科幻作家"。而在科幻创作之外，克拉克也因为一项航天领域的创举而名垂史册。

我们知道，一定频率的无线电波，比如短波，不用借助特别的手段就可以实现全球覆盖，因为它们可以依靠电离层的反射来传播。但是频率更高的无线电波，比如微波或高频，会直接穿透电离层"直来直去"，因此，人们很难找到能够让微波远距离传送的方法。

1945年，克拉克在一封关于电离层的信件中提到，一颗24小时环绕地球一周，亦即相对于地面某点静止不动的人造地球卫星，将可以"看到"大约半个地球。如果用3颗这样的卫星间隔120°排列，就可以实现电视和微波的全球覆盖。数月后，他将这个想法写成了一篇题为《地外中继——卫星可以实现全球无线电覆盖吗？》的论文，发表在了《无线电世界》1945年10月刊上。

在这篇论文里，克拉克计算出，一颗距离地面36000千米的卫星，环绕地球运行的时间恰好是一天，也就是说，这颗卫星相对地面某一点是静止的。这种卫星运行的轨道，后来被人们称之为地球静止卫星轨道，即倾角为零的地球同步轨道。地球静止卫星轨道在赤道平面上。对于地球上的人们来说，处在地球静止卫星轨道上的卫星永远挂在天空中的某个位置，通过固定的天线就可以接收卫星的信号。克拉克进一步提出，凭借这样的卫星，可以实现全球卫星通信。

在1945年，人类尚未进入航天时代，克拉克的设想看起来颇为超前。但仅仅20年以后，卫星通信和电视转播就都已被广泛使用。而在卫星导航技术出现之后，一部分导航卫星也需要位于地球静止卫星轨道，方可让系统组网来提供导航服务。为了纪念克拉克对这条轨道的预言，国际天文学联合会将它命名为"克拉克轨道"。

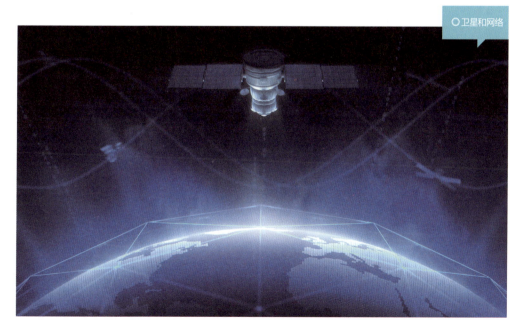

○卫星和网络

谭述森:
让"中国北斗"成为
"世界北斗"

52岁老"功臣"做回
定位"本行"

　　1994年，党中央、国务院、中央军委高瞻远瞩，做出独立自主研制"北斗"卫星导航系统的重大战略决策。当年已经52岁的谭述森，毅然离开了曾经奋斗29载、功绩显赫的军事测绘战线，投身于这个全新的领域。

　　在此之前，1965年从成都电讯工程学院雷达专业毕业的谭述森，已经在原总参测绘局的岗位上，为中国的军用地图测绘立下了汗马功劳。

　　但当原总参测绘局有关领导找到谭述森，邀请他参加"北斗"卫星导航系统立项

○2013年10月，谭述森（右二）在与同事研讨交流技术问题

论证工作的时候，他并没有留恋往昔的成果和荣誉，而是带着兴奋接受了这个新的研究任务。

　　领受这项全新的任务，也意味着风险和挑战。其时，美国早已经建成了GPS，中国在这个领域的技术储备相当薄弱，尚未"起跑"就已经落后20多年，专业人才也相当匮乏。正是在这样的条件下，谭述森和十几名专家一起，开始了这项不亚于"两弹一星"的国家战略工程。

"保险绳"不能交到
别人手里

　　"永远不能把登山的保险绳交到别人手里！"在研发"北斗"的漫长征程中，这或许是谭述森说得最多的一句话。卫星导航技术直接关系着国家的安全命脉，因此，尽管缺乏参考资料，也没有可资借鉴的经验，他也仍然坚信，关键的技术只能依靠自己的研发，而引进仿制最终会受制于人。

　　最早的"北斗"卫星导航系统被称为北斗一号。根据"两弹一星"功勋科学家

陈芳允院士提出的"双星定位"理论，北斗一号使用两颗地球静止卫星，实现覆盖中国本土的区域性卫星定位服务。但是，这项创意想要变成工程应用，却还有相当长的路要走。因为，当时的中国既没有双星高精度定位的成熟理论，也不知道确保定位精度的地面标校站如何分布。面对陷入停滞状态的项目，谭述森决定从新技术上寻求突破。他巧妙地利用地面高程数据库，与两颗卫星的数据相互补充，以实现精确的导航定位和位置报告。

○ 谭述森院士与北斗卫星导航系统模型

对于卫星导航系统来说，导航频率资源是它的"生命线"。没有（空闲的）频率，建设卫星导航系统就无从谈起。在北斗一号开始研发之前，发达国家已经在卫星导航领域捷足先登，使国际上通用的导航频率所剩无几，而争取频率就需要谈判。

作为北斗频率设计与国际协调首席专家，谭述森以和平利用太空为依据，经过复杂的频率设计与周密的干扰仿真计算，创造性地提出了卫星导航频谱共用与兼容性评估准则。他的研究得到了国际科技界的认可，并且推动国际电联制定了新的规则。经过与几十个国家300多次艰苦的谈判，"北斗"系统终于争取到了宝贵的频率资源。

拥有"独门绝技"方能傲立全球

在着手研发"北斗"之初，谭述森就希望为它赋予某些"独门绝技"。在谭述森看来，如果只满足于跟在GPS后面追赶，"北斗"就会是一项短命的事业；而卫星导航系统的未来发展趋势，一定将是解决"我们在哪里"的问题。也就是说，享受定位服务的每一个人，也能知道彼此的方位和情况，并且互通有无。

因此，在建设北斗一号的时候，这套系统就在定位的基础上，增加了授时和通信的功能。2003年北斗一号竣工之后，类似手机的北斗一号终端机，可以收到从卫星传来的精确时间，而且能互发短信，甚至将短信发送到指定的手机上。在2008年汶川地震等严重自然灾害中，这些卫星导航系统终端机传送的信息，成为抢险救灾工作的有力保障。

在北斗一号成功之后，建设覆盖全球大部分区域的新一代"北斗"系统旋即提上议事日程。在谭述森的主持下，第二代"北斗"系统取得了连续定位和位置报告、星地双向高精度的时间同步等一系列关键技术重大突破，成为世界上第一个连续导航与定位报告深度融合、全星座播发三频信号的卫星导航定位系统。这意味着"北斗"从根本上摆脱了对GPS的依赖，也从此结束了中国需要依靠国外导航系统授时的历史，使中国的卫星导航系统不再受制于人。

○ 北斗导航卫星

勤奋学习，
不断创新．
为振兴中华而奋斗 王绶琯
2015.7.22.

　　毛二可，雷达、信息处理技术专家，中国工程院院士，现任北京理工大学信息工程学院学术委员会副主任、教授。他在雷达系统及杂波抑制信号处理和雷达跟踪的信号处理方面取得重大的研究成果，提高了中国雷达动目标显示、检测性能及跟踪的精度和速度，对中国雷达技术的发展做出重要贡献。

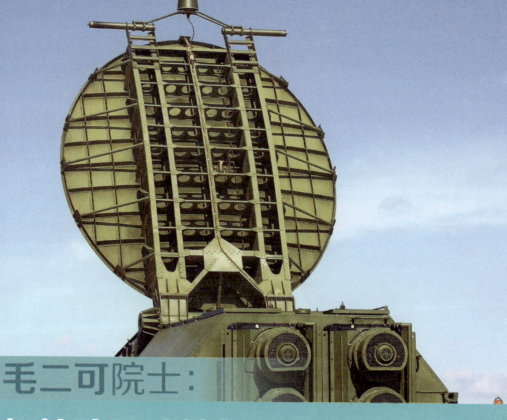

毛二可院士：

相控阵雷达撑起战地"天网"

摘要 在雷达发展史上，相控阵雷达的出现，称得上是一次革命。相比于传统雷达，相控阵雷达在很多方面都表现出明显的战术优势，因此，尽管相控阵雷达结构更为复杂、造价更为昂贵，而且能耗和散热量更高，但它仍然表现出强大的生命力。在现代战争中，相控阵雷达为敌军织就了更加难以逃脱的"天网"；掌握相控阵雷达技术，也成为衡量军队电子战实力的一根"标杆"。

相控阵，雷达研发新概念

在军队索敌技术进步的历程中，雷达的出现堪称一场革命。通过雷达，军队可以更有效地发现敌军，特别是空中和海面上的目标，并引导远程武器实现精确打击，使作战效率大幅提高。

最早一批雷达被称为机械扫描雷达，因为它们的雷达波束如果想要改变方向，就需要让雷达天线通过机械结构转动。但因为天线本身通常质量较大，这种转动的速度其实相当有限。因此，当敌军以大量飞机和导弹进行突防的时候，机械扫描雷达想要同时监控数以百计乃至更多的目标，就显得力不从心。为了克服机械扫描雷达的弱点，相控阵雷达应运而生。

○机械扫描雷达，靠天线转动而实现波束扫描

相控阵雷达的天线是由大量的辐射器（小天线）组成的阵列，辐射器少则几百，多则数千，甚至上万，每个辐射器的后面都接有一个可控移相器，用以实现雷达波束转动的效果。随着电子计算机技术的进步，现代相控阵雷达的每个移相器都可以由电子计算机来控制。

当相控阵雷达搜索远距离目标时，虽然天线本身看起来不会转动，但上万个辐射器通过电子计算机的控制，集中向一个方向发射、偏转。这种被称为"电扫描"的方式，比机械扫描雷达转动天线扫描的方式效率要高得多，需要切换扫描方向时就更是如此。

不仅如此，相控阵雷达天线上的辐射

器，还可以进行分组，同时产生多个雷达波束，分别负责搜索目标、跟踪目标轨迹和引导己方武器实施打击等任务，对正在接近的敌军目标监控和打击。正是由于这种雷达摒弃了一般雷达天线的工作原理，人们给它起了个与众不同的名字——"相控阵雷达"。这里的"相控阵"，是"相位可以控制的天线阵"的略缩语。

相控阵雷达又分为有源（主动式）和无源（被动式）两类，二者的主要区别在于发射／接收组件的多少。无源相控阵雷达的研发难度相对更低，因此更早达到实用化的程度；有源相控阵雷达更为复杂，但在频宽、信号处理和冗余度设计上，都比无源相控阵雷达具有更大的优势，因此近年来正在占据更大的份额。

对相控阵雷达扫描结果的处理，与建造相控阵雷达的天线一样，都是研制这种雷达必须解决的难题。相控阵雷达的结构特点，决定了它有多个同时收发的雷达波束，因此处理起来更为麻烦。但相控阵雷达也提供了对目标进行比较精确的成像的可能性，这对于有效消灭敌军目标有巨大的意义。

○战斗机上应用的相控阵雷达（摄影/马之恒）

○装有相控阵雷达的战舰

勒出军舰的形象，让武器有可能直接瞄准军舰的要害部位。如今，让雷达更为精确地显示目标的形象，是雷达研发领域中的热门课题。

相控阵雷达为反导助力

在相控阵雷达技术发展成熟之初，军界就意识到了它在反制导弹攻击方面的价值。弹道导弹是20世纪下半叶重要的打击武器，如果能够跟踪导弹的轨迹，乃至引导己方反导武器予以拦截，就可以降低乃至消除敌方弹道导弹的威胁。

美国为中国台湾地区提供的"铺路爪"相控阵雷达，就是为探测弹道导弹而设计的。这种巨大的雷达通常被安装在山顶上，以32米高的天线来探测5000千米之外导弹发射的迹象，为疏散和反导争取宝贵的时间。这种20世纪70年代研制的雷

比如说，某些大型的军舰有非常好的抗沉性设计，舰体水线之下有大量的水密舱。如果某一个水密舱被击穿，军舰一般不会被击沉；只有鱼雷或导弹刚好命中弹药库或燃料库，才有可能通过殉爆击沉军舰，或者至少让它完全失去战斗力。这就需要通过雷达信号扫描，尽可能精确地勾

○相控阵雷达能跟踪导弹轨迹

达，直到今天也仍然相当先进。

事实上，在20世纪下半叶的美苏核对峙时期，为了预警对方的核打击，美国和苏联都研制了一些规模极大的相控阵雷达系统。今天，继承了苏联核武库的俄罗斯，也继承了相当一部分苏联时期建造的相控阵雷达，以继续保持这个大国的核威慑能力，并且对可能的核打击做出预警和反击。

中国人更为熟悉的相控阵雷达系统，可能是美国海军使用的"宙斯盾"战斗系统中的雷达。这种雷达的作用，是为了在海战中应对敌方（飞机和导弹）的"饱和攻击"。在大批空中目标一起袭来的时

○ "宙斯盾"雷达系统在战舰上的应用

候，机械扫描雷达往往应接不暇，但相控阵雷达就可以发挥同时跟踪多个目标的优势，并为舰上的武器设计拦截（反击）的战术。为了实现更有效的探测和拦截效果，"宙斯盾"自诞生至今也经过了多次升级。

另一种为中国人所熟悉的相控阵雷达系统，是美国"爱国者"防空导弹配备的相控阵雷达。今天30岁或者更为年长一些的人，或许会记得1991年海湾战争时，美军的"爱国者"导弹拦截伊拉克的"飞毛腿"导弹的情景。在当时，这是电视台记者和平面媒体的摄影记者都颇为关注的新闻素材之一。"飞毛腿"是一种苏联制造的短程弹道导弹，被伊拉克引进之后又经过了多次改进。当海湾战争爆发的时候，这种导弹的精度和稳定性已经落后，但仍然称得上是一种具有威胁性的打击武器。因此，在以美国主导的多国部队干预海湾战争的时候，设法防止伊拉克的"飞毛腿"导弹袭击邻国，就成为必须要考虑的事项。

为此，美国部署了"爱国者"导弹。这种导弹系统大体包括交战控制站、相控

延伸阅读

"宙斯盾"战斗系统

20世纪60年代末，美国和苏联在海军水面舰艇设计方面，走上了不同的发展道路。美国倾向于沿用第二次世界大战时期的成功经验，通过航空母舰战斗群来取得海战优势；苏联则倾向于在大吨位水面舰船上部署尽可能多的导弹，通过导弹饱和攻击来摧毁美军的航空母舰。

美军发现，以舰队的预警和防空能力，很难抵御苏联的这种策略。因此，美国海军提出了研制"先进水面导弹系统"的思路，经过不断发展，在1969年12月改名为"空中预警与地面整合系统"。这套作战系统的英文缩写为"AEGIS"，刚好与希腊神话主神宙斯所用盾牌的名称相同。因此，中国人将这一系统翻译为"宙斯盾"。在美国海军看来，"宙斯盾"作战系统可以有效地防御敌方同时从四面八方发动的导弹攻击，构成美国海军舰队的坚固盾牌。

阵雷达和导弹本身（发射装置）等部分。当伊拉克发射"飞毛腿"的时候，发射装置和导弹就会被美国的侦察卫星发现；而后，相控阵雷达会跟踪"飞毛腿"导弹，并引导"爱国者"导弹进行拦截。

随着中国半导体和雷达技术的进步，中国也开始部署自行研制的相控阵雷达。根据用途的不同，这些雷达可以探测来袭的弹道导弹，或者成为舰队防空网络不可或缺的组成部分。

○相控阵雷达是战斗机上的"眼睛"（摄影/马之恒）

雷达"异能"服务民生

雷达起源于军事的需要，这使雷达技术被蒙上了一层属于军旅的色彩。但实际上，人们已经研制出了很多服务于民用的雷达，在市政、科研等领域效力。先进的相控阵雷达，也已经出现了民用的型号，展现出令人惊叹的"异能"。

在市政领域，"探地"雷达已经被广泛使用。一种最为常见的应用，是对刚刚竣工的道路进行质检。按照国家质量标准，不同等级的道路有不同的铺装规范，路面本身和下方每一层材料的厚度都有一

定之规。如果施工者偷工减料，传统的检测方法很难发现，因为验收人员不可能把路面剖开来检查。但如果使用探地雷达，就能清楚地测出每一层材料的成分和厚度，让偷工减料无所遁形。

探地雷达也有另外一些比较有价值的应用，比如探测市政管线的分布情况。有些城市可能需要翻修老旧的道路，但由于筑路时间久远，人们很难再找到当年的设计图纸，因此也无法判断路面下方究竟有哪些管线；但如果贸然开挖，就可能不慎挖断重要的通信光缆，造成严重的经济损失，或者挖穿煤气管道引发爆炸和火灾。在这种情况下，人们就可以用探地雷达来进行探测，重新认识地下的图景，再设计更为科学的施工方案。

○探地雷达显示器

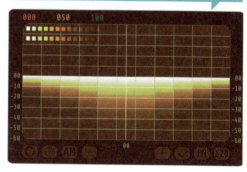

在考古领域，探地雷达也有比较高的应用价值。很多古建筑都有地下室一类的结构，其中可能保存着经历时光洗礼、已经非常脆弱的文物；甚至，古建筑的地下结构本身都有坍塌的风险。在研究古建筑特别是进入（或挖掘清理）地下结构之前，首先用探地雷达进行探测，就可以避免破坏文物，并且避免可能导致古建筑坍

塌的工作方法。

在许许多多的矿区和冶炼企业里，边坡雷达正在成为一种重要的安保设备。每个矿区都会产生品位较低、不便进入生产环节的矿石，被称为尾矿；矿石经过选矿和冶炼之后也会产生矿渣。这些目前技术条件下的废料，通常会被堆积起来，但由于自身重力和天气变化（比如暴雨）导致摩擦力减小等原因，废料堆可能会出现塌方，导致难以挽救的生产事故。

从人的日常经验出发来判断，尾矿或矿渣堆的坍塌，只是发生在一瞬间的事情。或者说，废料堆仿佛是因为某种微小的震动而被触发了坍塌的"扳机"。但事实上，尾矿或矿渣堆的坍塌是一个从慢到快的过程，材料的位置会一点点发生改变，最终演变成不可遏制的倾颓。但如果事先在废料堆附近布设边坡雷达加以监控，就有可能在废料堆出现坍塌迹象时，通过自动设备发出预警信号，拯救人们的生命。

无论是民用还是军用领域，雷达的发展都是前途无量的。中国雷达技术的进步，有赖于新生力量投身其中，付出更大的努力来赶上世界先进水平。

END

○雷达在民用或军用领域的应用前景广阔

观众问答？！

Q 中国的雷达技术在世界上处于什么样的水平？

毛二可：近年来，中国的雷达技术发展速度比较快。虽然我们开始研制雷达的时间比较晚，因而基础也比较薄弱，但是我们正在努力迎头赶上。当然，与国际先进水平相比，中国的雷达技术还是比较落后的。因为，一个国家的雷达技术水平，通常取决于半导体器件的制作水平，而中国在这个领域并不是最先进的。想要在雷达研制方面达到世界先进水平，中国还需要付出不少努力。

○ 形形色色的雷达是防空系统的"眼睛"

Q 相控阵雷达分为有源和无源相控阵雷达，它们各自的优缺点是什么？

毛二可：有源和无源相控阵雷达的天线阵相同，二者的主要区别在于发射／接收组件。无源相控阵雷达仅有一个中央发射机和一个接收机，发射机产生的高频能量经计算机自动分配给天线阵的各个辐射器，目标反射信号经接收机统一放大。有源相控阵雷达的每个辐射器都配装有一个发射／接收组件，每一个组件都能自己产生、接收电磁波。

所以说，想要制造有源相控阵雷达，最大的难点在于发射／接收组件这部分。相比之下，无源相控阵雷达的技术难度要小得多。无源相控阵雷达在功率、效率、波束控制及可靠性等方面，都不如有源相控阵雷达，但是在功能上却明显优于普通机械扫描雷达，不失为一种较好的折中方案。因此，在有源相控阵雷达技术成熟和走向实用化之前，无源相控阵雷达作为过渡产品首先走向了实用化。即使在有源相控阵雷达实用化之后，无源相控阵雷达作为一种低端产品，仍然具有很大的实用价值。所以，尽管目前被装备部队的有源相控阵雷达比例在增加，但无源相控阵雷达应该不会消亡。

Q 我们应该如何改进雷达设备，来探测隐形飞机？

毛二可： 军用飞机的隐形性能，以及防空装备反隐形的性能，是现代空军关注的焦点之一。军用飞机所谓的"隐形"，通常是指对雷达探测的隐形。目前世界上隐形性能最好的一些战斗机，比如美国的F-22，雷达反射面积会比非隐形战斗机低两个数量级。也就是说，同等尺寸的非隐形战斗机，雷达反射面积大约是几个平方米；但F-22反射面积可以达到0.1平方米，因此不易被雷达发现，或者说很容易和飞鸟等无关目标混淆。

新式雷达通常用增加雷达波波长的方式，实现对隐形飞机的探测。传统的防空雷达，其雷达波波长在厘米数量级；但如果将雷达波波长增加到米的数量级，就可以让波长与飞机尺寸处于同一个数量级，再研制一些特别的分析算法加以辅助，就有可能探测到隐形飞机。

隐形飞机的另一种隐形手段是吸收雷达波的特殊涂料。但如果雷达波的频率降低，飞机就必须将涂料加厚来保持隐形效果，但涂料的厚度不可能无限制增加，这就使研制能够探测隐形飞机的雷达成为可能。

有鉴于此，在隐形飞机领域技术最为先进的美国，军队和航空企业都开始思考，未来的隐形飞机，应该更偏重于"主动"隐形，也就是对敌军进行电子干扰，还是像现在这样，采用"被动"隐形的方式。

到目前为止，这场争论暂时还没有结果；但隐形飞机与反制隐形飞机的博弈，将会是未来战争的主题之一。

延伸阅读

隐形飞机F-117

由美国洛克希德公司研制的F-117攻击机，是世界上第一种隐形飞机。虽然它采用代表战斗机的"F"编号，但它其实并没有超声速飞行和空战的能力，只能发射对地攻击的导弹或制导炸弹。

F-117使用被称为"小平面隐身"的技术，以计算机设计的怪异外形干扰雷达的探测，并且对发动机喷气口进行特殊的处理来减少雷达反射和红外辐射。但正是这样的外形，决定了F-117没有超声速飞行的能力。但也有说法认为，一些换装了大功率发动机的F-117，可以在紧急情况下短暂地进行超声速飞行。

F-117在装备美军大约10年之后，一些国家已经找到了探测它的方法，因此，在1999年北约轰炸南联盟的时候，发生了F-117被南联盟击落的事件。此外，F-117为实现隐身性能，在搭载武器数量方面做了大量的牺牲，弹舱的容量极为有限。2006—2008年间，有鉴于F-117的技术已经落后，而且其维护工作繁重又昂贵，美国陆续退役封存了F-117。

毛二可：

情系雷达的科研"国士"

坚守雷达研究的"本行"

1956年，从北京工业学院（今天的北京理工大学）雷达专业毕业的毛二可，留校成为雷达实验室主任。这座实验室，便是今天雷达技术研究所（下文简称"雷达所"）的前身。

进入20世纪90年代以后，雷达所面临生存环境的两大改变。当时，军用雷达研究开始出现激烈的竞争，雷达所的传统研究方向，已经被研制雷达整机的科研机构所涉及；另一方面，应届高中毕业生开始热衷于报考就业好、收入高的通讯专业，而不愿意报考毕业后工作辛苦、收入不高的雷达专

业，这直接影响到了雷达所的人才储备。随着集成电路等电子技术，以及与之相关的计算机产业迅速起飞，一些雷达所的工作人员希望转变科研方向，着力研究经济效益更好的电子技术领域的课题。

面对这样的新情况，毛二可从中国国防事业的需求出发，力排众议，坚持研究所定位不变。他认为，中国的国防事业需要雷达技术，而雷达所的研究专长在雷达技术，因此研究方向不能改变。不仅如此，雷达所也不应该仅仅满足于对雷达部件的研究，而是也应该进入雷达整机研究领域。以后的实践表明，毛二可的预见完全正确。他带领团队研制新体制雷达，取得了多项自主创新成果。

着眼实战探索雷达整机

毛二可迈出的第一步，是研制矢量脱靶量测量雷达。为研制这种雷达，需要在海边做大量的试验，条件相当艰苦，有时甚至有生命危险。有一次，毛二可带领团队在海上连续工作了两天，人已经筋疲力尽，谁知在返航途中，基地又发来指令，要求他们连夜再赶赴打靶海域，从靶船上取回数据。

○毛二可院士在外场试验基地工作

当时海湾的风浪很大，白天爬到靶船上9米多高的支架取数据都非常危险，更何况是深夜！但课题组却二话没说，立即掉转船头驶向外海，取回了数据。

毛二可和他的团队不畏艰辛，历经8个寒暑，终于完成了雷达定型，成果在陆海空各个领域推广使用。这些新式雷达装备部队之后，使导弹能够更精确地命中目标，为赢得战争胜利提供了最可靠的保证。

毛二可带领团队取得的另一项重要创新成果，是通用模块化实时信号处理系统。这项研究起步之前，美国已有成熟的军用标准。毛二可认为，中国不能完全照搬美军的标准，要根据国内的实际情况，走出自己的路。从1995年开始，毛二可带领团队从第一代研制到第四代通用处理机，终于研制成具有完全自主知识产权、可以充分满足实战需要的货架产品，如今已经推广应用于雷达、制导、航天遥感、卫星导航等多个领域，形成一种军队装备信息化的基础计算平台。

◎毛二可院士与学生一起工作

管理创新确保研究进度

在确定学科方向、打造科研团队的同时，毛二可还有一个一直在思考的问题，就是雷达所的管理模式。

早在20世纪80年代，毛二可和他的同事们就把研究所的全部科研经费、实验

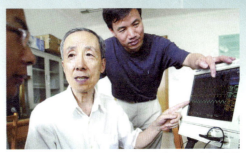

◎毛二可院士工作图

室设备等公共资源集中起来，实行统一管理和调度。这种管理模式有利于综合调度团队的人、财、物等各种资源，并且可以将科研结余的经费集中起来，用于实验室建设。然而，进入20世纪90年代后，外界开始出现了对雷达所管理运行模式的议论声。这是因为，美国的高校基本都是一名导师带几名研究生，以分散的小团队来进行科研，国内不少高校也如此模仿；既然如此，为什么雷达所要搞成集中统一管理的大团队呢？

在各种议论和压力面前，毛二可再一次表现了不盲从、不跟风、一切从实际出发的独立思考和自主创新精神。他说："课题组长负责制，难以适应雷达领域系统创新和技术创新需要多学科联合攻关的要求。集中管理模式有利于集中全所资源和力量，构建大团队、形成大平台、承担大项目、产生大成果。"以后的实践，再次证明了毛二可的眼光和远见。

比如说，在2000年，有一个单位希望雷达所研制一种图像跟踪信息处理机。对于当时的雷达所来说，这是一个新的领域，以前并没有研究基础。此时，大团队集中管理的优势凸显出来，研究团队可以在全所范围调动"精兵强将"，很快拿出了样机，成功地为雷达所开辟了一个新的研究方向。这种行之有效的管理模式，也为高等院校的基层科研单位在国防科技领域的创新研究，闯出了一条新路。

倡导创新
重视实践

孙永福

2015年5月29日

　　孙永福，铁路工程专家，中国工程院院士，曾任青藏铁路建设领导小组副组长，铁道部常务副部长，中国铁道学会理事长。他长期从事铁路建设技术和管理工作，主持建成大秦、京九、南昆、宝中铁路以及衡广、兰新复线等重点工程项目，主持重大科技攻关，总结出中国山区铁路建设成套新技术，研制成功大秦铁路重载运输成套设备；组织高速铁路技术研究，制定了有关标准规范。2001年后，他主持青藏铁路建设，攻克了多年冻土、生态脆弱、高寒缺氧"三大难题"，为把青藏铁路建成世界一流高原铁路做出了重大贡献。

孙永福院士：

铁路挺进青藏高原

摘要 2006年7月1日，青藏铁路正式通车运营，结束了西藏自治区不通火车的历史。建设者们克服高寒缺氧和多年冻土等不利的自然条件，在世界屋脊创造了铁路建设与生态环境保护双赢的奇迹。今天，在青藏高原上修筑铁路的工作仍在继续。不断延伸的钢轨，正在让雪域高原搭上发展的快车。

青藏铁路，工程奇迹

改革开放以来，中国铁路建设取得了巨大成就。到2016年年底，中国已经有铁路12.4万千米，在世界上居第二位，而客货运量居于世界第一。高速铁路达到了1.6万千米，占全球高速铁路里程一半。所以说，中国铁路不仅规模巨大，技术水平也居于世界前列，特别是在高速铁路、高原铁路和重载铁路建设与管理方面，都处于世界先进水平。

在高原铁路建设方面，最能体现中

国铁路技术水平的工程，就是2006年7月1日正式通车运营的青藏铁路。这条铁路结束了西藏自治区不通火车的历史，也实现了中国人的百年期盼。通车至今，青藏铁路一直保持着安全运行的纪录，没有因为环境恶劣而停运，也没有发生过大的事故，堪称铁路运输领域的奇迹。

青藏铁路工程的走向，是从青海省省会西宁市出发，经过高原城市格尔木，抵达西藏自治区首府拉萨市。修建铁路连接拉萨市的构想，可以追溯到20世纪初"国父"孙中山写就的《建国方略》。这部写于1917—1919年间的著作里，规划了中国未来的铁路网，其中包括进藏的高原铁路。但当时中国的技术水平和动荡的局势，这条铁路只是描绘出的远景。

新中国成立之后，西藏于1951年和平解放。在解放军进藏过程中，部队先后修筑了两条山区公路，也就是川藏公路和青藏公路。这些现代化的公路，使汽车可以从其他省份开进青藏高原，最终抵达拉萨市。之后，在1958年"大跃进"时期，铁路进藏的计划被提上了议事日程。首先修通了从甘肃省兰州市通往青海省西宁市的铁路。就在西宁至格尔木铁路开工建设中，我国遭遇了严重自然灾害，全国性的食品和物资匮乏，铁路建设停工下马。

直到1973年12月，尼泊尔国王比兰德拉访华，与毛泽东主席会谈的时候，表达了尼泊尔希望和中国发展经济贸易关系的愿望。毛泽东主席说，中国将修建青藏铁路，这条铁路不仅要通到拉萨，而且要修到边境去。青藏铁路工程在1974年得以重启。解放军铁道兵在极为艰苦的条件下奋战了5年，在1979年将铁路修到了青海省西部的高原城市格尔木，而后便停下来。这是因为，长时间的高原作业，已经让很多参与筑路的军人患上了高原病，

Q青藏铁路

而当时的医疗条件难以解决这一问题。铁路再往前延伸，就进入青藏高原腹地，海拔高度达4000至5000米以上，高原反应带给筑路队伍的威胁会更为严重。另一方面，青藏铁路将要经过多年冻土层，以当年的技术难以保证铁路运营安全。

这时，曾试图规划从云南省昆明市或四川省成都市进入西藏自治区的铁路，也就是滇藏线和川藏线方案。但由于"文化大革命"的长期动乱，中国经济已经濒临崩溃，因此这些规划线路仅仅进行了初步考察选线，而没有开工兴建。

直到20世纪90年代，得益于铁路技术进步，再次启动进藏铁路方案研究工作。在国家西部大开发战略指引下，开展大面积造线，进行多方案比较，在青藏、滇藏、川藏和甘藏（从甘肃省出发）这4个方案之中，青藏线方案再次被选中。

克服筑路三大难关

青藏线方案最大难题，在于沿线海拔高、冻土地带长、生态环境十分脆弱。格尔木市海拔高度大约2800米，拉

○青藏高原的长江源

萨市海拔高度是3650米，但这两座城市之间横亘着海拔超过4000米的青藏高原腹地，包括昆仑山脉、唐古拉山脉等，以及众多的江河等这样的"天险"。青藏铁路格尔木至拉萨有960公里线路海拔在4000米以上，最高达5072米。列车从格尔木市出发，很快就需要翻越海拔高度大约4700米的昆仑山脉，这种惊人的爬升高度，是对铁路运力的巨大挑战。而且，从昆仑山脉北麓到唐古拉山脉南麓，还有大约550公里不利于修筑铁路的多年冻土区。

从2001年6月29日开工，到2006年7月1日建成通车，在这5年时间里，青藏铁路筑路团队运用科技的力量，攻克了高原疾病、多年冻土层和严格的环保要求这三大世界性难题，在铁路工程领域创造了轰动世界的奇迹。

很多来自平原地区的人，第一次登上青藏高原，都会受到高原反应的折磨。由于高海拔地区空气稀薄，人体得到的氧气不足，就会出现严重的头痛、眩晕等症状，如发生急性脑水肿、肺水肿等疾病，甚至会有生命危险。因此，想要派遣大量人力修建青藏铁路，就必须首先制定保障队伍健康安全的方案，以避免可能的人员伤亡。

青藏铁路工程制定了完整的卫生保障措施，包括队伍筛选、高原适应性安排、建立三级医疗机构、劳动保护措施等。还配备了高压氧舱，研制了高原制氧设备。在高原地区，感冒一类的"小病"也可能因为高原反应的助力，迅速发展为致命重症。因此，青藏铁路工地

○青藏铁路列车

上都配备了高压氧舱，控制住病情之后再送到海拔较低的城市救治。研制了适用于海拔4900米工地上的大型制氧机，改善了隧道作业环境，工人休息时也能适量吸氧，缓解高原反应。凭借有效的预防和治疗措施，青藏铁路工程创造了高原施工零死亡的奇迹。

除了高原疾病，青藏铁路工程需要预防鼠疫。青藏高原是鼠疫高发地带，每平方米土地可能有7~8个鼠洞。如果鼠疫在工人中间传播开来，就可能引发严重的卫生问题。因此，在铁路开工之初，青海、西藏、新疆三省区就开展了联合整治行动，有效预防鼠疫发生。

青藏铁路工程需要克服的第二重难关，是高原生态环境保护。青藏高原的生态极为脆弱，高寒缺氧使动植物生存相当艰难。铁路跨过长江等大河的发源地，对水质保护的要求也很高。因此，铁路工程需要对环保进行全盘考虑，尽可能降低对自然环境和当地动物的影响。

青藏铁路沿线是珍稀动物藏羚羊的繁衍之地。历史上，有些人为了获得藏羚羊绒以制造名贵的"沙图什"披肩，大批藏羚羊遭到猎杀，导致种群锐减。青藏铁路必须尽可能减少对藏羚羊正常生活的扰动。经过研究，人们发现藏羚羊有自己的生活规律，繁衍后代的迁徙路线都是大体固定的。因此，青藏铁路

○为藏羚羊设计的动物通道，青藏铁路高架桥

专门修建了野生动物通道，让藏羚羊从铁路桥下方，或者在隧道顶上越过铁路，保持正常的繁衍节律。

为了防止铁路工程导致的水土流失，工程技术人员也采取了一些措施。比如说，在措那湖施工时，为了避免施工过程影响湖水清洁，工人们首先用沙袋建了一道堤坝，作为铁路工地与湖区的界限，并规定所有人都不能"越界"；施工结束之后，再将堤坝拆除，成功地使措那湖保持了"纯天然"的状态。

青藏铁路面临的第三道难关是多年冻土。我们知道，水在结冰以后，体积会膨胀，在质量相同情况下（水和冰体积之比为9：10），化成水的时候又会"缩回去"。随着季节更替，冻土层里的水不断重复着结冰和融化过程，形成冻胀和融沉，使地面变得坑洼不平。青藏高原是中纬度高海拔地区，由于空气稀薄，阳光比平原地带更为强烈，这使多年冻土更为敏感，冻胀融沉更为严重。

多年冻土的不稳定性，使修筑在冻土地带的铁路更困难，也成为国际公认的工程难题。青藏铁路有大约550公里要经过多年冻土地带。为了让列车提速，青藏铁路采用了一种全新的技术，使冻土层可以"冻得更结实"。青藏铁路采取了"主动降温"的思路，大量采用"片石气冷路基"（片石对下面土体有热二极管效应），以及装有易挥发工作介质的"热棒"等，让冻土层保持低温状态，从而为铁路提供坚实的基础。开工之初，修建了5个多年冻土工程试验段，运用科研试验成果，指导优化设计，完善施工。

通过这样处理，修筑在多年冻土上的铁路线，达到了每小时100千米。在青藏高原上飞驰的列车，创造了冻土地带铁路的一项世界纪录。

铁路改变青藏高原

青藏铁路开行旅客列车也开行货车，运用专为高原铁路设计的内燃机车进行牵引。考虑到人对高原环境的适应能力，青藏铁路客车使用一种特别制造的车厢。与

高原作业的饮食保障

因海拔较高、空气稀薄，青藏高原上水的沸点远比平原地区低，这带给烹饪很多难题，如米饭容易夹生，影响食欲。在青藏铁路工程中，如何保障庞大的施工团队的餐饮供应，让人们能吃到可口的饭菜，就成为一大问题。因为，饮食质量直接关系人能否保持充足的体能，以应对高原反应。

针对高原空气稀薄、不易烹饪的特点，青藏铁路工程在海拔较低的格尔木市或拉萨市制作需蒸煮的食物，如米饭和馒头，只在高原上炒菜，以确保食物烹饪的品质。此后，来自解放军总后勤部的高原专用炊具，也被安装到工地上，进一步改善了饮食条件。这些看似不起眼的细节，有效保障了高原作业者的身体健康。

在平原地区使用的客车相比，青藏铁路客车车厢拥有更好的气密性、防寒性，也更为舒适，而且配备了制氧设备，在高原地带通过列车空调系统为车厢供氧。因此，绝大多数搭乘青藏铁路列车进藏的旅客，都不会在旅途中出现不适反应；即使有极少数感觉身体不适的旅客，也可以通过列车上的吸氧设备获得充足的氧气供应。

青藏铁路凭借强大的运力，使进西藏旅客大幅增加，安全舒适的列车极大地促进了西藏自治区旅游业发展。现在，铁路已成为进西藏物资的主要运输方式，85%的物资是由铁路运送的，高原上人们生活需要的各种物资，以及当地的特产，都在这条铁路上流动。军队、军粮和军需品，乃至重武器，也可以通过青藏铁路更快、更高效地运输，使军队的调动更为便捷。

回想20世纪80年代，一些发达国家的铁路工程技术人员曾断言，青藏高原是铁路无法逾越的天堑。美国火车旅行

○昆仑山上青藏铁路的高架桥

家保罗·泰鲁在《游历中国》一书中写道："有昆仑山在，铁路就永远到不了拉萨。"而今，中国人"使不可能变成了可能"，不仅让铁路越过昆仑山脉，进入西藏自治区，而且让铁路在青藏高原上继续延展。在青藏铁路之后，拉日铁路也在2014年开通。这条铁路将拉萨市与西藏自治区第二大城市日喀则连接起来，实现当日往返。铁路交通的进步，正在让雪域高原搭上发展的快车。

END

○行驶在青藏铁路上的绿皮车

观众问答

Q 在高寒地带的多年冻土层上修建铁路，这条铁路会在多少年之内保证安全？在安全期之后，如何保证铁路安全运行？

孙永福： 在多年冻土层上修筑铁路，是青藏铁路工程面临的一大挑战。因此，这条铁路在设计和修筑的时候，就考虑到了未来全球变暖和人类活动的影响，并对冻土层可能产生的变化进行了预判。我们认真地研判了未来50年里全球气温升高1℃或2℃的条件下，冻土层可能发生的改变，并且按照未来50年可能发生的严重结果，来设计铁路工程结构。

青藏铁路沿线布设了大量的自动监测系统，随时测量冻土层各种数据变化，比如温度、含水量、含冰量等。如果发生异常，我们就可以及时进行处理，保证铁路安全运营。

除了全球变暖影响，我们也特别关注青藏铁路沿线的植被、水流等变化情况。水流的改变可能会带来热量，影响冻土层的状态。这种微观的改变，同样可能会威胁铁路的安全。因此，如果水流发生改变，工程技术人员也会及时处理，使铁路不会受到威胁。

○ 青藏铁路

Q 在青藏铁路和拉日铁路之后，西藏自治区还有哪些兴建铁路的计划？

孙永福： 目前正在兴建的铁路，是从拉萨市通往林芝县的拉林铁路。这是一条电气化铁路，全长433千米，设置34座车站，预计2020年建成通车。这是川藏铁路、滇藏铁路的重要组成部分。

从成都至拉萨的川藏铁路，成都至雅安段已开工建设，将不断向前延伸。从昆明至拉萨的滇藏铁路，昆明至丽江、中甸已建成，将继续向省界挺进。拉萨至日喀则铁路已通车运营，全线可延伸到新疆，与南疆铁路连通，并可修建日喀则至尼泊尔或印度的铁路。拉萨至林芝的铁路正在建设中，全路可连接成都、昆明，形成进出的藏新通道，川藏线路，滇藏线路。

勇挑重担的进藏公路

在青藏铁路通车之前，人们只能乘坐汽车通过公路进入西藏自治区。进藏的公路干线大体可分为4条，即川藏线、滇藏线、青藏线和新藏线，分别从四川省、云南省、青海省和新疆维吾尔自治区进入西藏自治区，终点都是拉萨市。通过公路进藏，直到今天也是对汽车和驾驶技术的严峻考验。

川藏公路被认为是进藏路线中风景最秀美的路。这条公路在四川省甘孜藏族自治州首府康定县的新都桥分为南北两线，到西藏自治区昌都市的邦达镇会合。川藏线的公路大多盘山而筑，路途崎岖险峻但风光壮丽，而且全程高海拔路段不多，通常不需要担心高原反应。

滇藏公路大体沿着古代商旅人士的"茶马古道"修建，沿途会经过大量的风景名胜区，而且是进藏公路中平均海拔最低的一条，全程最高海拔只有大约4300米。不过，沿着滇藏公路行驶，车辆所处的海拔高度常会发生剧烈变化，因此自驾旅行者中甚至有"一天内穿越四季"的说法。

青藏公路是国家二级公路干线，全程坡度均小于7%，最大行车速度为每小时60千米。它是世界上第一条在高寒冻土区全部铺设黑色路面的公路，也是4条进藏公路干线中路况最好、行车最安全的一条，担负着大约80%的进藏物资公路运输任务。在青藏铁路通车前，很多人都会在格尔木市搭乘长途客车，通过青藏公路进藏。

新藏公路是世界上海拔最高、道路最险的高原公路，途中翻越海拔5000米以上大山5座，全程平均海拔4500米以上，绝大多数地区氧气含量不足海平面的50%，可以说是集海拔高、道路险、路况差和自然环境恶劣于一身的"极品"公路。随着国家西部大开发的进程，新藏公路的路况已经得到了相当大的改善，使车辆油耗有所下降，补充燃料也变得相对便捷。

○ 美丽的西藏

孙永福:
亲历中国铁路跨越式发展

在山区铁路挥洒汗水

1955年，14岁的孙永福报考了铁路学校，从此与铁路建设结缘。后来，因为在铁路学校成绩出色，他又被保送到大学继续深造。他以全优的成绩，从长沙铁道学院桥隧系毕业，被分配到了郑州铁路局工务处。仅仅经过半年多见习，年仅22岁的孙永福就凭借着扎实的理论基础和刻苦钻研的精神，开始承担起"钢筋混凝土桥梁裂缝原因分析"的研究课题。

20世纪60年代初，由于同时受到美国和苏联两个"超级大国"的敌视，中国面临严峻的国际环境。为了准备应对可能发生的战争，中国政府在1964年9月启动了"三线建设"。孙永福被调往大西南，参与川黔、贵昆、成昆线的修建。

以当时中国铁路的技术水平，成昆线是非常艰难的挑战。这是因为，成昆铁路如果想要经过尽可能多的经济重镇，就只能选择线路长度最长、地质条件也最复杂的备选路线（西线方案），以沟通四川省西昌市和云南省元谋县等重要的农业区，沿途的大量矿区，特别是建设攀枝花铁路基地等。但这

样的"定位"，意味着铁路需要在青藏高原边沿破碎的板块冲突带上铺设钢轨，迎战滑坡、落石、崩塌、岩堆、泥石流等大量复杂的不良地质现象。按照苏联等铁路技术强国当时的技术理论，这样的区域属于修建铁路的"禁区"。一些西方专家甚至断言："即使（成昆铁路）建成，狂暴的大自然也必将使它变成一堆废铁。"

但为了开发中国西南地区的经济资源，中国的铁路建设者们毅然挺进了这个"禁区"。1970年7月1日，成昆铁路宣告建成通车。这条铁路将资源丰富的中国西南地区带进了现代化，让数以千万计的沿线居民看到了故乡之外的世界，继而改变了他们的命运。参与西南铁路大会战，成为孙永福铁路生涯中第一个辉煌篇章。

○成昆铁路

"大京九"的总指挥

○ 京九铁路

当时间进入20世纪90年代，中国的改革开放，已经让国民经济发展取得了可观的成就，也让之前忽视铁路建设的恶果显现出来。1992年，全国工业总产值增长超过20%，而铁路货物发送量仅仅增长3%。全国各地每天需要用12～16万节车皮来满足运输需求，而铁路只能满足50%~60%，南北铁路运输更是处于超负荷运转状态。此时，中国老旧的铁路系统，已成为制约国民经济迈上新台阶的"瓶颈"。

为了缓解南北干线京广线的压力，并沟通回归祖国的香港特别行政区，中国政府决定修建京九线铁路，孙永福被任命为这一工程的总指挥。京九线是中国铁路建设史上规模最大、投资最多、一次建成线路最长的大干线，任务十分艰巨。孙永福迎难而上，调集精兵强将，组织了一场史无前例的铁路建设大会战，就实现了全线三年铺通、四年建成的目标。

在修建京九铁路重点工程岐岭隧道的时候，由于工程地质复杂，施工难度很大，半年多没能进洞，"美国之音"甚至扬言"岐岭隧道受阻，京九通车无望"。1994年春节，孙永福来到了工地，在调查现场之后，他决定召集全路专家进行"会诊"，制订综合处理方案攻克了难关，有力地回击了"美国之音"不怀好意的"宣传"。

如今，京九线已经成为中国最重要的铁路干线之一，不仅便利了首都与港澳特区的联系，而且有效地缓解了南北运输紧张状态，也加快了沿线革命老区和贫困山区脱贫致富的进程。

着眼西部铁路网

孙永福投入一场新的筑路战役，那就是中国西部地区铁路的建设。

如果观看一张带有交通线标注的中国地图，我们可以很容易地发现，西部省份，特别是西北地区的铁路网的密度，要远远低于东部省份。在20世纪90年代，中国政府决策西部大开发的时候，如果想要从陕西省的省会西安市向更往西北的地方运输人员和物资，只能通过陇海-兰新铁路，或者先前往陕西省宝鸡市，再通过宝中铁路抵达宁夏回族自治区的中卫县（今天的中卫市），而这些铁路的运力都已经饱和。而从东部沿海省份，或者西安市通往西南地区的铁路线，运力也极为紧张。很显然，铁路线的数量，将极大地制约西部大开发的进程。想要让西部省份得到更好的发展，东西向的铁路"通道"必须首先打通。

为了加快西部铁路建设，孙永福带领工程团队，现场考察了陇海铁路的宝（鸡）兰（州）复线，以及沟通西安市至南京市的铁路等服务于西部大开发的干线。而今，中国的西部大开发进程已经卓有成效，西部省份的铁路网也获得了极大的延展，甚至高速铁路也开通至多个城市。中国西部铁路建设的巨大成就，令出生在西部、青春年华也奉献给了西部铁路建设的孙永福深为欣慰。

○ 孙永福院士考察青藏铁路建设

仰望星空

放飞梦想

脚踏实地

勇往直前

刘古响

2016年4月8日

　　刘大响，航空动力工程专家，中国工程院院士，曾任中国燃气涡轮研究院总工程师、总设计师、第一总设计师，现任中国航空工业集团公司科技委副主任。他长期从事航空发动机设计和研究工作，担任一项国家重点工程（高空台）和四项大型预研计划总工程师、第一总设计师和技术负责人，主持突破多项关键技术，为中国航空发动机设计研究做出重大贡献。

刘大响院士：

为飞机打造坚强的 "心脏"

摘要 从20世纪初简陋的试验品，到今天运载数百人穿洲越洋的巨型客机，飞机已经走过了100多年的历史。飞机速度、可靠性和运载能力的迅速增长，与航空发动机技术的进步密不可分。时至今日，顶级的航空发动机，被认为是制造业 "皇冠上的明珠"。制造这些世界上最复杂的机器，是对一个国家的材料技术、工业设计水平和精密加工能力的终极挑战。

飞向蓝天的 "三条道路"

拥有在天空中翱翔的能力，是人类亘古以来的梦想。世界上几乎每一个民族，都流传着各自的关于飞行的神话和传说。这些故事寄托着人们共同的美好愿望，那就是像鸟一样自由飞翔。

人类建造飞行器的历史其实非常漫长。距今2000多年前的楚汉相争时期，中国先民就已经发明了风筝，这是世界

公认的最早的重于空气的飞行器。

当时间进入近代，轻于空气的飞行器，也就是热气球和随后的氢气球，实现了人类飞上天空的愿望。1783年，法国人蒙戈菲尔兄弟建造了可以载人飞行的热气球。而在同一年里，另一组法国研究者制成了可以载人的氢气球。时至今日，这些轻于空气的飞行器，仍然是冒险家、职业运动员、摄影家和猎奇观光客等群体飞向蓝天的工具。

但气球没有动力，在天空中只能随风飘行，而且容易受到恶劣天气的影响，这使一些人希望为气球装上动力，也就是飞艇。1852年，法国人亨利·吉法尔建造的第一艘蒸汽动力载人飞艇出现在巴黎上空。这艘以2.2千瓦的蒸汽机为动力的飞艇，虽然控制上并不算灵活，但在当年已经是非常了不起的成就。到1884年，更为轻便和高效的电动机和蓄电池被用作飞艇的动力，使第一艘可以在起飞之后回到出发点着陆的飞艇在法国诞生。

○可以进行长途飞行的飞艇

第一次世界大战之后，飞艇在一些发达国家迎来了短暂的"黄金时代"。当时，飞机的航程非常有限，如果长途飞行就需要多次经停，这使飞艇能够在远程航线上找到用武之地，并凭借强大的运载能力，为旅客提供豪华的乘坐体验。

气球和飞艇是轻于空气的飞行器；与之相对的，则是重于空气的飞行器。为了让原本重于空气的物体能够飞起来，人们想到了两种途径：其一是直接给物体提供升力使其飞行；其二则是以速度来换取升力。

直接给物体提供升力的飞行器，就是同样起源于中国的火箭。古代中国人发明了火药，并将其用于娱乐和军事用途。也就是说，今天中国人在春节时燃放的双响爆竹（"二踢脚"），与古战场上出现的原始火箭，其实遵循着同样的原理。今天作为航天发射载具的火箭，也是中国古代火箭的精神后裔。

在航空领域，以速度来换取升力的

○火箭发射升空

理念最终成为主流，其成果就是在过去100多年里发生了惊人进步的飞机。飞机能够飞行，依靠的是伯努利原理，也就是机翼上方和下方的空气因为流速不同形成的压力差，使飞机获得浮力。为了制造出足以托举飞机起飞的压力差，飞机必须具有很高的速度，机翼的外形和角度也需要非常考究。不过，真正让飞机得以出现，并迅速走向实用化的关键因素，是内燃机技术的进步。

延伸阅读

第一批气球"乘客"

1783年9月，法国人蒙哥尔费兄弟制造了第一个拥有载人能力的热气球。但在当时，没有人知道升入高空会给人体带来怎样的影响。

因此，气球的第一批"乘客"不是人类，而是一头名为"蒙杜谢利"（Montauciel，意为"登天者"）的绵羊，还有一只鸡和一只鸭。这个气球升到了1500米高，经过8分钟的飞行，降落在距离起飞地点大约3000米的地方，所有的动物都安然无恙。

动力进步成就飞行梦想

早在19世纪下半叶，蒸汽机已经发展得极为完善的时期，就已经有人希望建造以蒸汽机为动力的飞机，并实现载人飞行。19世纪末，法国人克莱门特·阿代尔建造了外观模仿蝙蝠、以蒸汽机为动力的"蝙蝠飞机"，这被认为是蒸汽动力飞机研究的顶峰。然而，蒸汽机的机械效率非常有限，如果用现代航空术语描述，就是"推重比极低"，因此不足以为飞机提供起飞所需的动力。这决定了所有的蒸汽动力飞机都只能完成半受控的不稳定滑跃，而无法实现稳定飞行。

○伊尔-14客机（曾是中国民航的重要机型，使用活塞式发动机）（摄影/马之恒）

○克莱门特·阿代尔（法）研制的"蝙蝠飞机"（摄影/马之恒）

为飞机提供动力的任务，交给了更为轻便的内燃机。在诞生之后不久，内燃机就显现出机械效率明显提高的优势，并迅速轻量化。1903年12月17日，美国人莱特兄弟终于完成了以内燃机为动力的飞机，并且实现了成功的载人飞行。

从莱特兄弟的时代直到今天，绝大多数飞机都以内燃机提供动力。科技史学界通常以喷气式发动机的出现为标志，将飞机的历史粗略划分为两个阶段。

莱特兄弟的飞机使用的动力装置，就是由美国发明家查尔斯·爱德华·泰勒制作的活塞发动机。第二次世界大战末期，以活塞式发动机和螺旋桨驱动的飞机，其性能已经达到了极限。因此，人们

如果想要飞得更快、更高，就必须为飞机寻找一种新的动力。战争对军用飞机性能的追求，使喷气式飞机的出现成为一种必然。20世纪30年代末，喷气式发动机被英国和德国的技术人员各自独立发明出来。在第二次世界大战期间，也只有这两个国家的军队装备了喷气式飞机。

战争结束之后，德国的航空技术成果被美国、苏联等战胜国所瓜分，人类的航空史也走入了喷气时代。动力更为强大，而且机体经过特别设计的喷气式飞机，也提供了突破"音障"，实现超声速飞行的可能性。

1947年10月14日，美国试飞员查克·耶格尔实现了人类历史上第一次超声

○二战中德国制造的Me-262喷气式战斗机

速飞行；但实用化的超声速飞机，要到20世纪50年代方才出现。

喷气式发动机大展宏图

在成功突破"音障"之后，人们很快发现"音障"只有一道，也就是说，飞机只要突破"音障"，便拥有一段相当大的提速空间。只有在飞行速度超过2.5倍声速的时候，飞机才会面临另一重威胁，那就是机体与空气摩擦产生的高温，被称为"热障"。

在第二次世界大战期间，英国和德国的军队虽然都装备了喷气式飞机，但双方的喷气式飞机并未发生交火。20世纪50年代初的朝鲜战争，则是人类历史上第一场喷气式飞机之间大规模厮杀的战争。不过，朝鲜战争中的喷气式飞机，其飞行速度仍然低于声速。直到1953年，美国方才研制出第一种具有超声速平飞能力的实用战斗机F-100。

从超声速战斗机装备部队开始，（超声速）喷气式战斗机的发展已走过了好几

代。喷气式战斗机的每一次升级换代背后，都是喷气式发动机技术的大幅提升。

为了拥有两倍于声速的飞行能力，第二代喷气式战斗机搭载了大推力涡轮喷气发动机。第三代喷气式战斗机需要既有高速度又有高机动力，因此采用了很多先进技术，如精心设计的涡轮风扇发动机，配合翼身融合体设计和电传操纵，让飞机的超声速和高亚声速飞行性能都非常出色。第四代喷气式战斗机在飞行性能方面需要兼具超声速巡航能力、高机动性和短距起降能力，因此它们的发动机也极为先进，可以说是现代军事工业的精髓。

○F-35战斗机

在军用飞机发动机不断升级换代的同时，民用飞机的发动机也在高速发展。进入21世纪以来，中国的物价明显增长，如一些食品的售价涨幅很大，但飞机票的价格并没有很大变化，甚至（出行淡季）还可能会降价。这种"反潮流"的现象背后，正是航空发动机燃油性能的提升。发动机的进步，配合电传操纵和复合材料等新技术，使航空旅行的成本显著降低。

○F-100战斗机

波音B777的成功之源

1990年，波音公司开始研发波音B777宽体客机。20多年后，B777系列客机已是远程民航客运的主力，不仅完全压制了以航程见长的空中客车公司的竞争对手A340，而且在不少航线上取代了波音公司自己的B747。

B777成功的关键，就是双发动机布局带给它的油耗优势。B777可以选用3类发动机，即英国劳斯莱斯公司生产的特伦特-800系列，美国普拉特-惠特尼公司生产的PW4000系列和美国通用电气公司生产的GE90系列。这3类涡轮风扇发动机，代表着人类在航空发动机制造领域的最高水平。

航空动力酝酿新一轮革命

当时间进入21世纪，人类对飞机性能的不懈追求，使航空技术面临着新的发展机遇。有人预言，未来的民航客运可能会向着大运量和超声速两个方向分化，这意味着航速低于声速的客机可能会被建造得很大，而超声速客机也可能会复兴。此外，可以从普通机场起飞并进入太空，做亚轨道飞行乃至环绕地球飞行的飞机，也有可能会出现，提供廉价的太空旅游体验。

这些航空技术发展的新趋势，意味着航空发动机也将开始新一轮"进化"。

但最值得关注的未来发展趋势，是研发空天飞机的工作，或者说航空与航天动力技术的结合，因为这很可能意味着航空动力的第三次革命。

这种结合了航空技术与航天技术的飞机，被称作"空天飞机"。它具有很多在今天看来不可思议的能力，比如，目前需要10多个小时的洲际飞行，空天飞机也许只需3～4个小时即可完成。空天飞机可以利用普通机场起降的特点，也意味着更低成本和更高频次的航天发射将成为可能。人类甚至能够向近地轨道运送大量人员和物资，在太空中建立起定居点。

造物主忘了给人类翅膀；但人类运用科学的力量，不仅拥有了飞翔的能力，而且飞得越来越高。未来，不断完善的航空发动机，还将为人类的飞行梦想提供不竭的动力。

END

○左侧的"三叉戟"客机和右侧的A310客机都曾在中国民航服役（摄影/马之恒）

观众问答？！

Q 航空母舰如何让舰载机安全降落？如果降落失败怎么办？

刘大响： 航空母舰是一种伟大的发明，但它的甲板明显短于陆地上的机场跑道，因此在航空母舰上降落是非常危险的。在舰载机飞行员驾驶飞机开始下降高度，准备降落的时候，巨大的航空母舰在他（她）的眼里，不过如同一片漂在海上的树叶。飞行员需要在极短时间里让飞机对准狭窄的甲板，而且让机头处于跑道中心线。飞机降落的时候，甲板上会有一些拦阻装置，

○F-14战斗机停在航母上

比如若干道拦阻索和（或）一道拦阻网，让飞机迅速停下来。如果飞机发生某些故障，比如用来挂上拦阻索的钩子没有伸出来，或者错过了所有的拦阻索，飞机就必须马上复飞，准备第二次降落。所有这些环节都必须极为精密，不能有任何错误，才可以保证航空母舰的飞机安全起降。尽管有很多现代化技术的保障，在航空母舰上降落仍然是非常危险的。

Q 除了模拟飞鸟撞击和武器攻击，飞机发动机定型还需要经过哪些测试？

刘大响： 飞机在飞行中还可能面临一些极端天气的考验，比如冰雹天气，就是发动机面临的威胁。所以，发动机需要进行包括冰雹撞击在内的大量环境实验。关于冰雹的实验，是将鸡蛋大小的冰块射入发动机，观察可能发生的损坏。为航空发动机设计的种种苛刻测试，是为了让它们投入使用之后能更加安全。

○飞鸟撞击往往是飞机面临的巨大威胁

尼米兹号航母的"恐怖之夜"

　　1981年5月26日深夜，在美国佛罗里达州以东海面，当时美国海军最先进的尼米兹号航空母舰，发生了一起由于飞机着舰失误导致的损失惨重的事故。

　　当时，尼米兹号的舰载机正在进行夜间飞行训练，一架EA-6B"徘徊者"电子战飞机对着降落甲板中心线飞来，准备着舰。舰上指挥员发现飞机偏离了中心线，便通知飞行员拉起调整角度。20多分钟后，飞机再次进入降落航线。这次，飞机降落在了舰上。但是，由于夜间视线不清，飞机降落时的速度超过了最佳着舰速度；降落后的飞机也并未对准跑道中线，而是落在了中线左侧，机头略偏向右。引降员还没有来得及发出"飞机偏离中线"的呼叫，这架超速的飞机就已经失控，撞进了停在甲板右侧的舰载机群。

　　在这些与EA-6B发生碰撞的飞机里，有3架F-14"雄猫"战斗机。当时，它们挂载了实弹，而且其中一架正准备起飞进行夜航训练，已经加满了燃油。于是，4架飞机的连环相撞引发了火灾和剧烈的爆炸，一枚机载导弹也被引爆，而爆炸的冲击波又震开了航炮上的保险，使航炮失控开始自动射击，导致了消防队和其他甲板工作人员的伤亡。

　　这起事故总共导致14人死亡，48人受伤。"肇事"的EA-6B和总共5架F-14战斗机、4架A-7"海盗"攻击机完全报废，1架SH-3"海王"直升机尾桨折断，必须接受大修，此外还有10架飞机不同程度地受到波及。事后的调查表明，EA-6B的飞行员为治疗过敏，服用了抗组胺药物。以当时的制药水平，抗组胺药物往往会对人体中枢神经产生强烈的副作用，足以影响飞行员的协调性，因此服药之后应该停飞。但这位飞行员违规驾机升空，而后在降落时出现失误，最终酿成惨祸。

○航空母舰

刘大响:

为飞机打造"中国心"

意外走上航空道路

刘大响的中学时代正值新中国成立初期，很多县城和农村还没有通电。因此，当刘大响升入高中的时候，他很想报考清华大学电机系，为国家的电气化事业做出贡献。

但当他快要高中毕业的时候，北京航空学院（今天的北京航空航天大学）直接到基层高中挑选优秀毕业生，在参加完统考并通过严格的政审之后，刘大响被保送进入北京航空学院。虽然他并没有从小就立志"航空报国"，但这种"先结婚、后恋爱"的经历，他也同样无怨无悔，一生都没有动摇。

升入大学的刘大响，被分配到发动机系设计专业。在这里，他参加了由著名航空发动机专家、教授宁榥领衔的北航四号航空发动机研制团队，还曾被派到新增设的、当时属于绝密的冲压发动机专业学习。这些独特的经历，令刘大响在航空发动机方面积累了丰富的知识。

让发动机"一发两用"

1962年3月，刘大响来到国防部六院沈阳航空发动机研究所（606所）报到，准备在科研一线从事研究。当时，606所主要的研究方向是涡轮喷气发动机，他利用空余时间，刻苦自学《空气喷气发动机原理》，在摸透米格-21战斗机上安装的РД-11Ф-300发动机过程中，他从原理开始，一章一章地学，为今后的前进和创新打下了牢固的技术知识基础。

在摸透米格-21的基础上，为研制歼-8战斗机的动力装置，所里成立了第七设计室，负责815甲发动机的设计研制工作，刘大响担任了总体性能组组长。要使815甲发动机适应歼-8的动力需求，就要在815发动机的基础上作两项重大改进，一是将涡轮前燃气温度由1188开尔文（绝对温标，1188开尔文相当于915℃），提高到1288开尔文（1015℃）；二是要改进加力燃烧室。

不过，将燃气温度提高这项要求，超过了材料允许的温度值，因而需要将实心涡轮叶片改为空气冷却的叶片。在当时，气冷空心涡轮叶片是国际上的尖端技术，国内从未搞过，国外则对中国实行严密的技术封锁；但经过师昌绪和荣科两位材料专家挂帅攻关，这块"硬骨头"最终被攻克，使改进走出了关键一步。

815甲发动机首次测试的时候，刘大响担

任现场指挥。由于发动机涡轮前燃气温度的提高，涡轮机匣和尾喷管全都烧红了，可以说存在很大风险。刘大响带领他的试车团队稳定操纵，冷静处置，使试车取得一次成功。

○ 刘大响院士参观博尔国防科普基地

○ 中国工程院院士刘大响

独立自主建成"高空台"

高空台，是在地面上模拟飞机各种飞行状态和环境条件，对发动机进行试验的大型地面试验设备群，其技术复杂、难度很高、规模巨大。20世纪60年代以后，发达国家研制的各种先进军民用航空发动机，无一例外都是从高空台"飞"上蓝天的；而中国也需要一套这样的设备，服务于新机型的研制。

1974-1976年，刘大响投身于高空台的研究之中。他利用借自航天系统的CS-01高空台，对815甲和815乙两型发动机做高空台定型试验，初步摸索出发动机高空模拟试验的一些经验。此时，为了改变中国航空发动机技术落后的状况，国家决定引进英国的"斯贝"发动机制造专利进行生产。经过3年多努力，第一台"斯贝"发动机装配完成，并经过了中英双方150小时的持久试车考核，而后要到英国进行高空模拟试验考核。刘大响成为赴英考核团队的一员。回国之后，刘大响和同事们又迅速投入到中国的高空台建设之中。

虽然受到1981年国民经济调整的影响，但中国自己的高空台还是在科研人员的自力更生中投入使用。"初出茅庐"的高空台，为当时的解放军新锐战斗机歼-8Ⅱ的定型做出了重要贡献。

为中国"大飞机"保驾护航

进入21世纪后，刘大响仍然活跃在中国的航空界。

在他和许多行业内外专家学者、领导和群众努力下，国务院于2007年2月批准大型飞机研制重大专项正式立项。2008年5月，作为大型客机项目实施主体的中国商飞公司在上海成立，全面开始了C919干线客机的研制工作。在大飞机方案论证过程中，根据中国航空发动机行业的具体情况，刘大响提出了发展大涵道比涡扇发动机的总体思路建议，以便让C919拥有更好的燃油性能，与同级别的波音B737和空中客车A320展开竞争。他的这一建议，得到大飞机方案论证委员会专家和有关领导的支持。在技术验证计划中，刘大响还结合设计体系的建立和验证，提前安排了大涵道比涡扇发动机的技术研究工作，为后来国家立项研制型号起了关键性作用。

○ 刘大响院士正在观看贵阳市第十四中学学生的机器人

中国的未来和
希望寄托在你
们身上。

于本水
二〇一六年
十月十四日

于本水，宇航科学与技术专家，中国工程院院士，现任中国航天科工集团科技委员会顾问、博士生导师。他先后参加和主持多种导弹研制，20世纪60年代参加中国防空导弹创业和第一代防空导弹生产和研制，在解决拦截高空高速和机动目标方面做出了重要贡献。主持和参加攻克第二代防空导弹的快速反应、高集成度导弹设计和拦截超低空目标等关键技术，主持研制中国首型具有拦截掠海飞行目标能力的舰空导弹，达到世界先进水平。他也为中国首型第三代陆军野战防空导弹武器系统研制成功做出了突出贡献。

于本水院士：
防空导弹捍卫国家领空

💬摘要　从第二次世界大战后期的初步探索，到20世纪50年代，防空导弹就已发展到实用水平。新中国成立初期，面对敌对势力入侵领空侦察的挑衅行为，中国人民解放军运用防空导弹予以坚决回击，留下了诸多著名的成功战例。时至今日，防空导弹技术仍在不断发展，它们与空袭战术之间的博弈，将会是未来战争中不可或缺的组成部分。

防空催生专用导弹

在军事博物馆内和军事科普读物上，我们可以看到形形色色的导弹武器。它们通常根据发射平台和主要攻击的目标，被划分成不同的类别，比如空对空导弹、岸对舰导弹等等。防空导弹（也被称为"面空导弹"）同样是常见的角色，它们通常被部署在地面或者海军水面舰艇、潜艇上，用以打击空中目标。

如果观察20世纪末和21世纪初发生在中东地区的一些战事，比如1991年海湾战争和21世纪的阿富汗战争、伊拉克战争，我们可以发现空袭在现代战争中的效用。参与到战争中的美国及其盟友，往往会凭借巨大的制电磁权和空袭能力优势，在电磁压制或者出动隐形飞机的条件下，以空中打击摧毁对手的防空网络，继而撕开对手的防线，最后才是地面部队出动，袭击已经快要溃不成军的对手。空袭的巨大破坏力，导致了战争的不对称性，

也凸显出优秀的防空武器的价值。因此，在现代军队的防空体系中，防空导弹已是不可或缺的环节。

在所有的导弹当中，防空导弹很可能是最为复杂的一种。这是因为，大多数导弹都只是攻击固定或者缓慢移动的目标；空空导弹是被高速飞行的飞机射出，锁定并攻击另一架高速飞行的飞机；只有防空导弹是从固定或者缓慢移动的平台上发射，并且试图去击中一个高速飞行的小目标。很显然，防空导弹通常不可能正好击中自己的目标，因此它使用有些类似于猎枪的攻击策略，令战斗部在目标附近爆炸，以冲击波和大量高速金属碎片，产生一个能摧毁目标的"死亡区域"。尽管如此，想要研制出一种实用的防空导弹，仍然是很难的工程。

第二次世界大战后期，纳粹德国面对盟军战略轰炸推出的一系列"末日武器"中，就包括了几种原始的防空导弹，比如"龙胆草"和"莱茵女儿"。但不同于投入实战的V-2弹道导弹，这些原始的

防空导弹受制于当年的制导等技术的水平，没有一种发展到可以装备部队的程度。直到战争结束之后，接收了德国军事科技遗产的美国和苏联，才分别研究出了可以用于实战的第一批防空导弹。

时至今日，防空导弹的技术仍然在不断发展，以应对空袭战术的新变化。随着一些军用飞机引入地形跟踪雷达系统，利用地球曲率进行超低空突防成为可能；无人机和巡航导弹技术的发展，则使防空体系需要面对的目标变得更小。空袭武器的进步，使防空导弹和其他一些防空武器，以及目前成熟的防空战术，都面临着新的挑战。

防空导弹首开纪录

20世纪50年代末，由美国制造的

RB-57D高空侦察机就曾频频飞到中国大陆上空，这种从B-57"堪培拉"轻型轰炸机发展而来的侦察机经过了特殊的改装，可以在20000米高空飞行（民航班机的飞行高度通常是8000~10000米）。而当时解放军装备的战斗机，

○"堪培拉"轻型轰炸机（供图/马之恒）

○形形色色的雷达是防空导弹的"眼睛"（供图/马之恒）

升限都在18000米以下，不可能对RB-57D进行截击。因此，该种RB-57D就频繁飞入中国大陆腹地进行侦察，甚至曾突然进入北京市上空。为了防止重要国防情报泄露，特别是保证1959年10月1日的国庆10周年阅兵典礼不受干扰，以坚决回击打压RB-57D的嚣张气焰势在必行。而想要做到这一点，只能使用从苏联引进的防空导弹。为此，刚刚组建不久的解放军防空导弹部队被调到北京市，以保卫首都的天空。

1959年10月7日，一架RB-57D闯入中国大陆后，无视沿途解放军部队的拦截，直飞北京。但这一次，它不再有先前的好运气。这架飞机被3枚防空导弹击落，坠毁在通县（今天的北京市通州区），这也是地空导弹在实战中第一次成功击落飞机。

解放军防空导弹部队更值得称道的战绩，则是击落了5架U-2高空侦察机。U-2能够在22000米的高空连续飞行8~9个小时，而且以特制的高空侦察相机拍下清晰的地面照片。美国正是利用这种飞机高空远程飞行的能力深入中国大陆西部，刺探中国核武器的发展进度与核试验场的情报。每一次飞行拍得的照片，都会作为最珍贵的情报，直送美国中央情报局。

以20世纪50年代末和60年代初的防空技术，想要击落一架U-2是极难的，

○U-2侦察机

延伸阅读

RB-57D高空侦察机的来龙去脉

RB-57D的历史，可以追溯到20世纪50年代初，英国制造的"堪培拉"轻型轰炸机。这是世界上第一种可以飞越大西洋而无需经停加油的喷气式飞机，因其性能出众而被美军选作未来的战术轰炸机。但由于此时"堪培拉"的英国制造商无暇为美国空军生产，只能以授权生产的方式，由美国自行制造这一机型。美国人为"堪培拉"换装了更好的发动机，并增加了翼尖油箱，命名为B-57。由于B-57出众的性能，美国以它为平台，发展了多种侦察机（RB-57系列）和电子战飞机（EB-57系列），但新机型仍未能逃脱解放军防空导弹的惩罚。

○红旗-2型防空导弹曾击落U-2高空侦察机（供图/马之恒）

只有苏联曾经在1960年5月以防空导弹击落过一架U-2，并生俘了飞行员。但当时中国只有3套防空导弹，而且装备非常沉重，难以机动；先前击落RB-57D的战例，也暗示这些导弹只能被用来保卫首都。相比之下，U-2可以从海岸线的任意一点突然进入中国大陆，其行踪非常难以捉摸。

1962年，解放军经过分析发现，U-2在深入中国大陆侦察的11次飞行中，有8次都经过了江西省南昌市附近，因此这里很可能是U-2的一个"航路检查点"，可以考虑进行伏击。于是，防空导弹部队极为秘密地南下，到这一区域设伏。同时，解放军故意频繁调动东南沿海的轰炸机部队，引诱侦察机前来侦察。1962年9月9日，一架U-2飞进了解放军防空导弹部队的伏击圈，被3枚防空导弹击落。

这次击落U-2的战斗震惊了全世界。

人们非常惊讶，军事实力并不强大的新中国，究竟使用什么武器击落了美国最先进的高空侦察机。担任外交部部长的陈毅曾对记者开玩笑说，这架U-2是"被竹竿捅下来的"，一时传为美谈。

创新战术与U-2"斗法"

虽然成功击落U-2，但美国非常清楚，解放军想要击落U-2，只能使用中远程防空导弹，而这些导弹是使用雷达制导的，因此，美国使出了电子战这项"杀手锏"。部署的U-2被加装了一套电子战设备，可以在飞机被防空导弹制导雷达发现时报警，使飞行员能紧急改变航线，避开防空导弹的攻击范围。

如果严格按照苏联的防空导弹操典来执行，U-2一定会逃脱伏击。这是因为，雷达只要开机，就会被飞机发现，而此时飞机刚刚飞入导弹的攻击范围，只需极为短暂的时间就能改变航线逃脱；而从雷达开机到射出导弹，却需要数分钟之久。为了压缩导弹攻击的准备时间，减少U-2逃脱的可能性，解放军的军事技术人员想到了一种超出操典的全新思路。

当U-2侵入中国大陆之后，首先使用不会触发预警设备的雷达来跟踪它的航迹；同时，让防空导弹部队将所有能够在制导雷达开机前做好的工作全部做完。当U-2已经深入导弹攻击范围的时候，再打开制导雷达，以最快的速度发现目标并射出导弹。此时，最高飞行时速只有805千米的U-2，就无法再进行规避，逃脱导弹的打击。1963年11月1日，解放军的防空导弹部队就是用这种战法，取得了又一个击落U-2的战绩，并生俘其飞行员。从坠落的U-2残骸中，我们还完整缴获了用于电子战的雷达预警设备，让解放军从此认识了电子战这个全新的领域。

在深入中国大陆的侦察活动中，U-2总共被击落5架。慑于解放军防空导弹部队的实力，以及电子战设备被缴获并遭到破解，美国在1968年中止了以U-2刺探中国大陆核武器计划的行动。在新中国初创的那段峥嵘岁月里，年轻的解放军空军，以战机和防空导弹组成的防空体系，抒写了他们的光荣战史。

END

延伸阅读

U-2 "蛟龙夫人" 高空侦察机

U-2是美国洛克希德公司"臭鼬工厂"（高级开发项目部门）的杰作。它在1955年8月完成首次试飞，并在次年入役。这是一种为高空飞行而高度特化的飞机，拥有类似滑翔机的狭长机翼，而且机体重量很轻，从而令它能够抵达绝大多数战斗机无法企及的高空，并以大约690千米的巡航时速进行长时间的飞行。

成为U-2的飞行员是极为艰苦和危险的工作。由于这种飞机的飞行高度，它的飞行员必须穿着一种类似宇航服的特制增压服装，并在起飞前长时间呼吸纯氧，以防止高空低气压环境引发的减压病。由于增压服密不透气，飞行员会不可避免地汗流浃背，每次任务后体重都会降低大约3千克。不仅如此，受制于当年的技术水平，增压服中无法整合尿罐，因此飞行员只能像危重病人一样，在出发前接好导尿管和尿袋，以解决漫长航程中的内急问题。

为最大限度减轻机体质量，U-2使用独特的"自行车"式主起落架；用于支撑两翼的辅助起落架则会在起飞后自动抛弃。这样的设计使U-2的降落变得非常危险。每一架U-2降落时，都会有另一名飞行员驾驶一辆特制的高速汽车跟在后面，以指导战友对飞机状态进行微调，直到飞机速度降至钛合金翼尖能够触地的程度。而后，地勤人员会重新为飞机装上辅助起落架，使它能够滑行到机库。

在超过半个世纪的服役历程中，U-2衍生出了多种改型。其中最为著名的改型，可能是参加过海湾战争的U-2R（曾被称为"TR-1"）。这是一种加大机翼与机身，并换装更为强大的电子设备和发动机的深度改型。由美国航空航天局（NASA）使用的地球资源飞机ER-2，则是U-2的民用改型，主要用于天文学、地球资源和海洋学方面的研究。

观众问答

Q 目前，中国最主要的防空武器是防空导弹吗？

于本水：防空不只是防空导弹这一种途径。现代的防空体系包括了战斗机、防空导弹和高射炮。战斗机使用空对空导弹或者航炮，对来袭目标进行截击；防空导弹从地面、海军水面舰艇和潜艇上发射，攻击敌机等空中目标；高射炮则是发射炮弹，在天空中形成弹幕，攻击中低空的目标。中国的防空体系由这三类武器组成，不过，主要的防空武器仍是防空导弹。

Q 如何评判某一种防空导弹的作战能力？

于本水：防空导弹的作战职能，就是要把目标摧毁，所以，评判防空导弹的作战性能，大体可以遵循"看得见、打得着、打得准、打得狠"的标准。也就是说，防空导弹首先要能有效地发现和瞄准敌军的空中目标，而后是在导弹的攻击范围（射程）之内，可以排除敌军目标机动飞行、电子战装置和干扰装备等防御手段的干扰，最终让导弹战斗部在敌军目标附近被引爆。在命中的基础上，则要尽可能确保击落目标，而非仅仅是击伤。可以说，防空导弹作战能力的评判体系，与我们熟悉的核导弹以射程、圆概率误差（精度）、搭载弹头数量和当量来论威力的体系，是完全不同的。

○ 高射炮

防空导弹可以搭载核弹头吗？

1949年，在苏联掌握核武器之后，美苏间的矛盾迅速演变为核对峙。由于洲际弹道导弹技术在20世纪50年代尚不成熟，以远程轰炸机设法突破对手防空网的战术，被认为是最有效的核打击手段。为了使对手的轰炸机在投弹前被摧毁，美苏两国都致力发展高效的拦截方案，其中之一便是能搭载核弹头的远程防空导弹。这类导弹的唯一任务，就是在敌军轰炸机群中间制造一场核爆，将威胁终结在空中，减轻城市和其他地面目标可能受到的伤害。但随着弹道导弹技术的进步，远程轰炸机突防进行核轰炸迅速成为过时的战术，专为防御它们而生的核防空导弹也就走到了尽头。

苏联和继承苏联核武器系统的俄罗斯，在为莫斯科搭建反弹道导弹系统时，受制于导弹制导技术的落后，也曾引入了核武器。不同于美国反导系统使用动能武器或激光武器的思路，苏联（俄罗斯）试图以搭载战术核武器的防空导弹，迎击敌方射向首都的弹道导弹，无须太高精度即可实现拦截。但这样的策略其实相当危险，因为如果防空导弹遭到干扰失控或发生误射，反而会导致对己方首都实施核打击这样的"乌龙"事件。

○核导弹

于本水：

守护国家天空的"铸剑师"

"祖国的需要就是我的专业"

1934年，于本水出生于吉林省九台县一个贫苦的农民家庭。那时候，"九一八"事变已经过去3年，中国东北的大片沃土被日本侵略者占领；当他记事的时候，"卢沟桥事变"和随之而来的日寇侵华狂潮，又让更多的国土沦丧。祖国遭受的深重苦难，让幼小的于本水感到了愤懑和压抑。随着年龄的增长，他逐渐意识到武器技术对于保家卫国的重要性，进而有了一个梦想，那就是一定要为祖国研制先进的武器。

新中国成立之后，于本水在1954年被选拔到苏联留学，就读于莫斯科航空学院，攻读航天技术专业。1957年11月17日，在莫斯科大学的礼堂，毛泽东主席对数千名中国留学生发出了"希望寄托在你们身上"的鼓励。

正是带着这份"希望"，1960年，完成学业的于本水回到了魂牵梦萦的祖国。他被分配到国防部第五研究院一分院二部总体室，这个单位负责中国防空导弹的研制工作。

中国第一代防空导弹，走的是一条从仿制到自主设计的道路。这一切的起点，是从对苏联引进的"543"导弹的仿制开始。

1961年，根据聂荣臻元帅"要仿出'543'、吃透'543'、改进'543'"的指示，于本水和同事们用一年的时间，深入沈阳市的一线生产基地，处理导弹生产过程中的有关技术问题，同时从实践中学习具体的导弹生产工艺知识。那时候，中国的科学技术和工业基础都很落实，特别是材料技术相当落后，不少特殊的金属材料都需要从苏联进口，因此仿制出尖端的防空导弹非常困难。而且，由于自然灾害，国家物资供应极为紧张，导弹一线生产基地所在的沈阳市，粮食供给严重不足。尽管如此，研发团

○于本水院士同科研人员讨论问题

队仍然坚持工作，向一线工人学习生产工艺，反推苏联工程技术人员的设计思路。1964年，"543"多发实弹打靶成功，完成生产定型，初步解决了中国防空导弹的有无问题。

见证与美制侦察机"斗法"的辞典

20世纪50年代末和60年代，年轻的解放军防空导弹部队，经受了多次战斗的洗礼。与美国制造的高空侦察机的战斗，令解放军面临严峻的挑战，也打出了自己的威名。

在RB-57D高空侦察机被解放军防空导弹击落之后，美国又部署了当时世界上最先进的U-2高空侦察机，以刺探中国核武器研发进度的情报。因此，击落U-2以捍卫国防机密，打击其嚣张气焰，成为当时解放军防空导弹部队重要的作战任务。

1962年9月，解放军首次用防空导弹成功击落了U-2高空侦察机。但是很快，U-2安装了电子战设备，通过探测导弹指导雷达的方式逃避打击。空军司令部要求国防部五院帮助解决这一难题，这个艰巨的任务落到了国防部五院二分院（如今的中国航天科工二院）。于是，以于本水为课题负责人的研究小组开始了昼夜攻关。

经过大量仿真计算，于本水攻关团队拿出了一套有效方案，这套方案被空军指战员概括为"近快战法"。在整个20世纪60年代里，解放军凭借这项战法，总共击落了4架U-2，迫使美国停止了对中国大陆腹地的高空侦察活动。因为这一贡献，于本水荣立个人三等功，还获得了一本《英华大辞典》作为奖品。时至今日，于本水仍然对这本辞典视若珍宝，在他看来，这是他参与捍卫国家领空的最佳见证。

为国土防空"枕戈待旦"

在U-2之后，美国研制了能够以3倍声速飞行的高空高速战略侦察机SR-71，由于惊人的飞行性能，在世界范围内几乎没有敌手。为了防止SR-71日后再次窜入中国大陆实施侦察，于本水马不停蹄地投身于新的防空导弹改进计划之中，带领工程技术团队，对"红旗"3号防空导弹的总体方案进行论证。20世纪70年代末，"红旗"3号防空导弹定型，成为中国第一种具有拦截SR-71高空侦察机能力的防空导弹。

○防空导弹与高射炮（摄影/马之恒）

当时间进入20世纪80年代，西方发达国家拥有低空、超低空飞行和打击能力的军用飞机，已经发展得日臻成熟。面对这种技术发展的新趋势，于本水开始为中国的天空研究新的防御手段。他建议中国军队借鉴国外有关技术，研制一种机动性能好、反应时间快、机动过载大、抗干扰能力强的低空、超低空防空导弹。最终，这条建议被采纳，并被列为国家重点发展项目。1980年，研制工作启动，仅仅两年之后，导弹发射试验就取得圆满成功。

2002年，于本水退出了一线研发岗位。他欣慰地看到，从第一代防空导弹，到具有低空、超低空能力的第二代、第三代防空导弹，正在让祖国领空的安全始终得到保障。常年的艰辛研制工作历练出了许多年轻人，他们已经接过了研制新型防空导弹的接力棒，正在走出一条有中国特色的先进防御武器技术的新路。

本章结束语

　　从积贫积弱、百废待兴的落后农业国，到工业门类齐全并拥有现代化国防体系的世界强国，中国创造了世界上绝无仅有的发展奇迹。得益于中国工程科学技术界的努力，中国的航天、航空和高速铁路等技术，已经跻身于世界前列；越过冻土地带通向青藏高原的铁路，更被认为是人类工程领域的壮举。21世纪的世界，充满发展机遇也充满挑战。面对世界上许许多多的竞争者，中国的科技工作者仍将保持奋进精神，勇攀新的科技高峰。

○通过机场航站楼的登机廊桥登机，可以极大提高乘降效率（摄影/马之恒）

◎ 向大自然过度索取之后，人类开始反思工业开发带给地球的伤痕。

◎ 通过深入了解大气涡旋，人类有可能揭示诸多气象灾害的端倪。

◎ 使用快中子的新--代核反应堆，将会让核燃料"越用越多"。

◎ 随着化石燃料走向枯竭，发展水电将成为着眼于未来的选择。

◎ 现代科技对污染物的实时监测，为寻找污染源并加以遏制提供可能。

◎ 发展纯电动汽车不仅能够降低尾气污染，也有助于中国的能源安全。

第二章
着眼环境，守护家园

尊重自然　保护自然
建设美丽的中国！

沈国舫
2015年5月22日

沈国舫，林学及生态学专家，中国工程院院士，北京林业大学教授，曾任北京林业大学校长、中国林学会理事长。他长期从事森林培育学和森林生态学的教学和研究工作，是国家重点学科森林培育学的学科带头人。他在立地分类和评价、适地适树、混交林营造及干旱地区造林方面做了许多研究工作，第一个提出了分地区的林木速生丰产指标，主持起草了《发展速生丰产用材林技术政策》。他对大兴安岭特大火灾后的森林资源和生态环境恢复工作，也曾起了关键的指导作用。

沈国舫院士：

人与自然的平衡之道

摘要 生态学是生物学与地学的交叉学科，旨在研究生物与环境的互动关系。虽然它诞生时间并不长，但发展速度颇为可观。生态学的快速成长，恰恰反映出人类对工业快速发展带给地球伤痛的反思。在中国，工业开发对自然生态保护的忽视，已经在一些地区引发了生态失衡的负面后果，需要巨大的成本和漫长的时间方才有可能修复。

生态学，新兴的交叉学科

如今，"生态"是人们日常生活中的高频词汇。不过，"生态"这个词出现的历史并不长；人类懂得关注自身活动对生态环境的影响，则要到更晚的时代。

1866年，德国生物学家恩斯特·海克尔提出，生物学界应该对动物与有机和无机环境之间的相互关系进行研究，并且将这门学科命名为"生态学"。但在当时，生态学并没有真正成为一个独立的学科。直到1935年，英国生物学家亚瑟·坦斯利提出"生态系统"的概念之后，生态学才真正发展成为一个学科。

英语中的"生态学"（Ecology）一词，转写自德语的"ökologie"，而这个词的词源又可以追溯到两个希腊语单词，即"住所"（Οικοϑ）和"学科"（Λογοϑ）。正如它的词源所反映出来的那样，生态学是生物学的分支，但如今它已经成长为生物学和地学的交叉学科，而不再从属于生物学。在真正成为一个学科之后，生态学的发展非常快，这是因为人类社会对于了解生物与环境的互动关系，有着强烈的需求。

生态系统是生态学研究的核心问题。所谓生态系统，就是生物群落中的

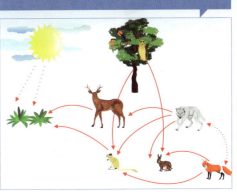
○生态系统示意图

○人类希望更多的了解自然

各个生物有机体之间以及生物和它周边无机环境之间的相互作用构成的体系。一片沼泽、一片森林，都蕴含着各自的生态系统。

人类拥有发达的技术和先进的工具，但人类的生存繁衍，仍然有赖于地球的生态平衡。从维持地球气候的稳定，到获取人类社会需要的资源，乃至保有休闲娱乐的空间，都需要人类对地球上的各种生态系统保持尊重，加以保护。只有这样，才能保证人类的生存质量。

用生态学解读森林的秘密

在陆地上，森林是最复杂、最庞大的生态系统。汉语中的"森林"这个词，由5个"木"字组成；但作为生态系统存在的森林，并不只有"树"，或者说乔木，还包括了许许多多的生命。乔木可能被藤本植物缠绕，灌木、草本植物和苔藓也会和乔木分享土地。与这些植物相伴的，还有鸟类、兽类等各种脊椎动物，昆虫等无脊椎动物，以及真菌、细菌和病毒等微生物。所有这些生命，都在森林生态系统中扮演着不同的角色，它们彼此之间，以及它们与土壤、基岩等无机环境之间，也有着复杂的互动关系。

每个生态系统中的生命，都可以大体分为3类，就是"生产者""消费者"和"分解者"。正如"万物生长靠太阳"

○澳大利亚昆士兰的热带雨林

这句俗语所言，森林生态系统中最主要的能量来自阳光。植物扮演着"生产者"的角色，通过光合作用，把二氧化碳和水转化成糖分和氧气，为植食动物提供食粮。植食动物被肉食动物捕食，一部分肉食动物又会被更强大、更具攻击力的肉食动物捕食，从而形成了食物链。比如说，食用草籽等植物性食物的小型啮齿动物（鼠类等），会被黄鼬（黄鼠狼）捕食，黄鼬会被狼捕食，狼又可能被虎捕食，这就是一条典型的食物链。不过，由于能量传递的衰减，食物链不可能无限延长，因此虎就是消费者的终极。在有些时候，多个食物链之间会形成食物网，比如狼既会捕食黄鼬又会捕食某些植食有蹄动物。除了"生产者"和"消费者"，由微生物和少数无脊椎动物（蚯蚓等）组成的"分解者"，也是生态系统中不可或缺的部分。所有死亡的动物和植物，以及植物的枯枝落叶和动物粪便等，都会被分解者所利用，最终还原为无机状态。

"生产者"、"消费者"和"分解者"的互动，使生态系统形成了物质循

延伸阅读

1987年大兴安岭火灾

1987年5月6日—6月2日，在黑龙江省大兴安岭地区发生特大火灾，是新中国成立以来最严重的一次森林火灾。事故之后的调查表明，火灾起于林业工人违反防火期禁止使用割灌机的规定，由于操作失误引燃了汽油；最初的扑救工作只扑灭了明火，没有打净残火、余火，导致火势蔓延，并在特殊的气象条件下失控。

○森林火灾

大兴安岭火灾造成了极为惨重的损失。按照官方公布的统计数据，火灾过火面积101万公顷，其中有林面积70万公顷；导致193人死亡，226人不同程度受伤；烧毁贮木场存材85万立方米，汽车、拖拉机等林业生产使用的大型机动车617台，并且对铁路、通信线路、输电网络和粮仓造成了严重的破坏。这场大火暴露出中国林区开发、建设中的一系列问题，也引起了人们对森林生态恢复等问题的关注与思考。

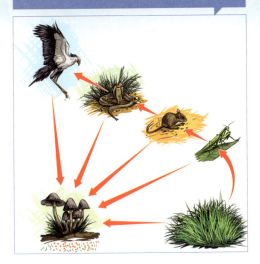

○食物链

环，包括水循环、碳循环和各种矿物元素的循环等。与物质循环相伴的，是能量在生态系统中的流动。太阳能从植物光合作用进入生态系统，转化为植物枝叶、动物躯体，最后又被分解者释放出来。

生态系统并不是一成不变的，它会随着时间的流逝而发生演替。当外力对生态系统的干扰超过生态系统自身恢复能力的时候，生态系统就可能发生退化，而最严重的退化就是彻底消亡。对于森林生态系统来说，影响最大的干扰因素就是火灾和人类活动。火灾可能来自于雷击、落叶自燃或者人类活动导致的意外事故；人类活动则包括相当多的可能性，比如采伐树木、狩猎乃至意外火灾和故意纵火。这些活动有可能严重影响乃至彻底斩断食物链中的某个环节，甚至影响到整个食物网的稳定。森林火灾或者大规模采伐，则几乎等于将某个区域的生态系统"连根拔起"。

纠正工业社会初期的错误

事实上，在人类社会发展过程当中，特别是进入工业社会初期，我们曾经在生态领域犯过不少错误。由于对大自然缺乏了解，不尊重客观存在的自然规律，人类曾过度消耗了自然资源，而且加快了自然生态系统退化的速度。于是，我们收获了一个自然资源逐渐枯竭，大量物种走向灭绝，环境污染渐趋严重的地球。

我们同样以森林生态系统为例，来研究忽视生态肆意破坏的后果。原始森林如果被过度砍伐，就会退化成为次生林，也就是被砍伐之后自然恢复形成的森林。次生林的腐殖质不如原始森林，因此气候、土壤条件趋向干旱，往往缺乏苔藓植物，树木的材质也不佳。如果次生林不能得到良好的保护，继续退化，就有可能成为灌丛乃至稀疏草灌丛（草和灌木混合的区域）。当这些植被由于破坏最终全部消失，曾经的森林就会成为裸岩，也就是我们俗话所说的"荒山荒地"。生态系统退化到这一步，想要再恢复就极为困难。

在中国，由于人口增长的压力和历史上对生态保护的忽视，大量的生态系统处在轻度和中度退化的阶段。虽然基本未被人类活动打扰过的原始生态系统已经很少，令人颇感遗憾，但轻度和中度退化的系统仍然可以通过保育措施，促成正向的演化，也就是重新恢复到平衡状态。

而在自然生态系统之外，世界各地还有大量的人工生态系统。中国作为一个农业大国，开垦了大量的农田，以满足巨量人口对粮食和经济作物的需求。但由于此前对生态平衡的忽视，有一部分农田属于"过度开垦"的情况，也就是将森林砍伐来进行耕作，或者对湿地进行改造，将其开垦成为农田。所以，我们一方面要划定"耕地红线"，使耕地不被随意挪用；另一方面，也需要对"过度开垦"的区域，做一些退耕还林、退耕还湿的工作，以"归还"被人类错误占用，也不利于农业生产的土地，重建那里的生态系统。

设计"生物碳汇"扩增战略，或者说以生物手段捕捉、储存大气中的二氧化碳，是近年来开始为生态学领域重视的全新课题。我们知道，自从工业革命开始以来，人类大量使用煤炭、石油和天然气等化石燃料，不仅消耗了地球几亿年里形成的储备，而且向大气中排放了大量二氧化碳等温室气体。因此，利用植物光合作用来储存二氧化碳，减轻地球的温室效应，成为生态学界在现代社会里极为紧迫的任务之一。

○过度砍伐森林用于耕作会破坏生态系统

"生态工程"方兴未艾

通过种植植物来减少温室气体，是一种典型的生态工程。所谓"生态工程"，就是利用生态系统运转的原理，比如物种之间的相互关系，以及物质循环再生的过程，设计并执行保护和改善生态的工程。

不同于开矿、兴建铁路和建筑物这样的"传统"工程项目，生态工程有其特殊性，那就是它主要是和大自然的生态系统（及其运转规律）打交道，因此必须遵循人和自然和谐的理念，必须依靠生物和生态系统的科学规律，而且往往需要因地制宜地规划设计。

在20世纪，人类进行了一些伟大的生态工程。在20世纪30年代的美国，富兰克林·罗斯福总统提出了"罗斯福大草原林业工程"。这是因为，当时美国人对美国本土中西部地区的农业开垦活动，破坏了生态平衡，导致了黑风暴（强沙尘暴）灾害。为了遏制环境恶化，并缓解大萧条失业潮带给社会的冲击，罗斯福总统提出了这项在美国"大草原地带"（美国中部和西部的草原区域）植树造林的工程。

第二次世界大战之后，苏联开始了"斯大林再造

○甘肃境内三北防护林俯视图

大自然计划"。这是因为，此前苏联为满足卫国战争中军民对食品和木材的需求，不得不对苏联欧洲部分的草原进行过度开垦，以及大量砍伐森林，导致一些地区自然灾害频发。因此，苏联决定设置8个国家级森林防护带，以防止土地沙漠化和土壤干裂，试图改善苏联欧洲部分的水文和气候条件。

在北非，埃及、利比亚、突尼斯、阿尔及利亚和摩洛哥这5个国家，为了防止撒哈拉大沙漠向北扩展，侵害生产生活用地，在1970年启动了为期20年的"绿色坝工程"。主要发起国阿尔及利亚付出了巨大的人力成本，出动大批军队执行造林任务，在沙漠边缘栽植了遏制沙漠扩展的人工林地。

与以上3项生态工程并列为"世界四大生态工程"的，便是中国在1978年启动的"三北防护林工程"。这项工程总共要持续70年，分为7期进行，现在正在进行第五期。工程涉及的范围，包括中国领土的40%，也就是所有半湿润到半干旱的过渡地区。

目前，中国正在执行的生态工程，除了"三北防护林"之外还有很多，比如长江上游水土保持林工程、黄土高原治理工程以及各地的退耕还林工程、天然林保护工程等。中国也正在原有的国家森林公园、湿地公园、地质公园等生态保护区域的基础上，尝试建立完整的国家公园体系。对于21世纪的中国来说，在生态保护和恢复、修复方面，需要完成的任务还有很多。

END

Q 三峡水库的蓄水，对于长江中下游的气候和生态，会不会产生危害？

沈国舫： 作为世界上最大的水利工程，三峡工程会带来可观的经济效益，也有助于长江防洪，但同时它也一定会影响到库区和下游的生态。

三峡工程带来的大部分生态影响是积极的。比如说，它通过对江水的调蓄，有效地减低了洪灾带给下游的威胁。在下游遭遇干旱的时候，水库也可以向下游补水，从而缓解旱情。

但三峡工程也导致了一些负面的影响，这主要可以归因于水利工程对河床的改变。长江在流到三峡江段的时候，已经夹带了不少泥沙。在三峡工程兴建之前，这些泥沙有一部分会被送到下游。但现在，通过三峡大坝流向下游的，是泥沙含量已经很少的清水，而江水流速基本不变，这就使三峡大坝下游的一部分河床遭到冲刷。因为冲掏作用导致河床下降的现象，会从三峡工程所在的湖北省宜昌市，一直持续到江西省九江市的湖口县。这种现象有助于航运的发展，但也会导致洞庭湖和鄱阳湖的水量减少。而在上海市郊的长江入海口附近，长江下游水量的减少，有可能使海水进入长江口，引发咸潮。对于这些不完美，水利界正在努力寻找化解的方案。

延伸阅读

风力发电会影响鸟类吗？

风力发电是典型的可再生能源，而且是不会产生碳排放的清洁能源。但一些研究表明，风力发电技术同样不是完美的，它有可能对鸟类造成影响。

对于一些喜好安静的鸟类来说，风力发电机建造和建成运转时产生的噪声，会让它们感到不快，因而放弃某些可能食物供给丰盛的筑巢地，影响正常的繁殖。更多的研究则指向风力发电机本身对鸟类的伤害。这些研究认为，鸟类在飞行时很少会观察自己的上方，因此不易弄清风力发电机的风车叶片与自己的相对关系；在风车高速运转的时候，误入它的运转范围就可能会致命。在美国，野生动物救助组织曾经发现过被风力发电机的风车割伤的猛禽，由于翅膀遭到重创，这些鸟类即使一时幸存，也很难在自然界中存活下来。

针对风力发电机可能带给鸟类伤害的隐患，人们正在开发一些更为安全的新机型。与此同时，风力发电系统究竟会对鸟类带来多大的影响，或者说有多大的概率会形成致命伤害，也同样是工程学界和环保人士热议的话题。

Q 有一种说法认为，中国在内蒙古自治区大力发展风力发电，将会大幅削弱北京的风力，导致污染物不易扩散的恶果。您对此有何看法？

沈国舫： 风速和风的频率主要取决于大气环流，人类活动对风的影响非常有限。在防护林领域有一个"20倍原则"，也就是说，防护林能够起到防风效果的范围，大体相当于树高的20倍。比如说，一片由10米高的树木组成的林带，大约只能为林地后面200米的范围提供保护；超出这个范围之后，防风效果很快就衰减得微乎其微了。风力发电机的高度通常在100米左右，考虑到内蒙古自治区的"风力田"（风力发电机布设区域）和北京市区之间遥远的距离，风力发电机对北京市区的风速几乎没有影响。

风力发电是一种没有碳排放的清洁能源生产方式，在未来会有很大的发展空间。对于互联网上的伪科学言论和恶作剧信息，我们应当以科学的眼光加以分辨。

○风力发电设备——风力涡轮机

沈国舫:

胸怀"绿化祖国"的梦

一张海报决定人生道路

1950年春天，临近高中毕业的沈国舫，偶然从课外书上看到了一张来自苏联的宣传海报。当时，苏联正在从第二次世界大战带来的伤痛中恢复，开始进行著名的生态工程"斯大林再造大自然计划"，通过建立8条国家级森林防护带，以弥补战争时期对森林资源的过度采伐，并防止荒漠化和水土流失。沈国舫在少年时代就已经立下了从事农业研究的志向，只是还没有决定具体的领域。苏联人"再造大自然"的宏大气魄深深地打动了他，于是，填报大学志愿的时候，他选择了刚刚成立的北京农业大学，学习林业。

1950年秋天，不到17岁的沈国舫兴冲冲地来到北京农业大学报到。直到这时候他才知道，他的入学分数高出第二名录取者50分左右，足以报考北京大学或清华大学等顶级名校。资质极佳的他，从此开始了一生与树木打交道的历程。

1951年7月，入学不到一年的沈国舫就从同届的600多名同学里脱颖而出，成为公派留学苏联的两人之一。他被安排到著名的列宁格勒林学院，但此时的他尚未精通俄语。为了弄清苏联人在林业领域的先进经验，他每天学习13个小时，听不懂的课程，就记下教授在课堂上给出的公式、图片甚至是某些特殊的符号，课下再配合字典一点点查阅梳理。在苏联的5年里，他全部课程的成绩都是优秀，照片上了学校的光荣榜。

1956年，沈国舫谢绝了苏联方面希望他继续读研究生的挽留，乘坐横穿西伯利亚的国际列车，回到阔别五年的祖国。他走进北京林学院大门，着手开始适合中国国情的林业研究。

◎早期沈国舫在苏联留学与同学的合影

深耕林学，积淀丰厚

作为第一个林学专业的归国留（苏）学生，沈国舫迫切希望尽快熟悉中国自己的林地和林业状况。回国当年秋天，他就利用协助苏联专家指导研究生的机会，到全国各地林区转了一圈。随后的历次政治运动，沈国舫因为过于关心学术而受到冲击，但他仍然设法读遍了当时国内能找到的所有林业书刊。不仅如此，为了扩大知识面，他还读了不少自然地理、地植物学（研究植物与地球之间关系的科学）、植物生理学和农业科学等方面的书籍。待到国家"拨乱反正"的时候，他已经成长为林学界小有名气的中年专家了。

1987年，沈国舫刚担任北京林学院院长不久，就遇到大兴安岭特大森林火灾。这是新中国成立以来最为严重的一场森林火灾，给东北地区的林业资源造成了惨重的损失，并导致了深远的生态后果。森林大火被扑灭之后，国家当年就启动了森林资源恢复工程，而且规模举世罕见。

当时年龄和资历还不深的沈国舫，参与了对火灾现场的考察，并且提出了处理过火林木和恢复森林资源的灾后重建思路和意见。此后，大兴安岭灾区林业的修复，一直按照他的思路进行。他对灾后林地恢复进程的精准判断，就得益于之前数十年他在林学领域的积淀。

坚持真理，无私为国

20世纪90年代中期中国工程院成立的时候，沈国舫是首批院士之一。尽管身为业界知名专家，但他严谨谦逊、仗义执言的作风没有变。作为院士，他运用自己丰厚的学识积累，为涉及林业的大型工程出谋划策，而且始终保持着以真理为准绳的作风。

1998年，他走上黄土高坡，为黄土高原农业可持续发展和生态环境建设项目提供咨询。他大胆表达自己的看法：在这些地区，应该大力提倡退耕还林还草，以免当地脆弱的生态环境进一步恶化。只有追求可持续发展而非单纯的经济效益，才是为人民负责，为子孙后代负责。

2000年，一位外籍华人提出了"森林引水论"，认为森林能增加降雨量。或者说，干旱地区只要多造林，就能解决水资源短缺问题。一位新华社记者据此写了一篇内参，这一理论也引起了时任国务院总理朱镕基的注意，并要求林业、水利和环保部门对此拿出意见。

当时，林业部的一些领导看到总理批示之后，感觉很兴奋，认为这是宣传森林作用的大好时机。但沈国舫并不这么认为，他发现，"森林引水论"缺乏科学依据，而他当时刚好完成"中国可持续发展水资源战略研究"。于是，他找到项目负责人钱正英院士，并在钱正英的支持下，写了一份言辞犀利的意见书，由钱正英直接递呈给朱镕基。

沈国舫的做法令很多同行颇为不解，因为这很可能让林业错过一个大规模造林的良机。但沈国舫坚持科学的结论，认为降雨问题主要是大气环流造成，森林的作用相当有限。他说："我本来是搞森林培育出身的，对于在中国人工造林（当然是）情有独钟……但（中国）是不是到处都要人工造林？造什么林才有效？（目前）已经出现了不少反面案例，确实需要进行一下反思了。"说这些话的时候，他已经跳出了林学或者林业这个"利益相关"的领域，站在国家生态大局的高度上，否决了一项看起来对林业有利，却可能引发生态隐患的错误理论。

"回顾一生，我从年轻时就做着一个'绿化祖国'的梦，这个梦做了60多年了。"沈国舫说，"如今，中国的森林覆盖率已经从新中国成立之初的8.6%，提升到了现在的21.63%。看着我们为之奋斗建设起来的绿色山林，我感到这一辈子没白过；但是，中国的绿化事业还远远没有到头。"

锦绣前程 好手足下

2015.1.9

徐祥德，气象学家，中国工程院院士。他长期探索大气动力学理论，从事台风与暴雨、高原水分循环影响、城市大气环境与边界层等领域应用研究；主持设计与实施多项大气科学国家重大研究计划与观测试验，推进了黄河防汛、农业防灾、城市大气环境、青藏高原大气科学试验研究与观测系统技术等工程建设，发展了青藏高原新一代大气综合监测与预警系统工程。有关大气科学观测试验及其理论研究成果在国内外有重要影响。他主持实施的城市大气环境观测试验与中国气候观测系统设计，被列入国际范例。

徐祥德院士:

寻找气象灾害的端倪

摘要 对自然灾害的研究表明,世界上发生频率最高的自然灾害,依次是热带气旋、水灾、地震和干旱,它们发生的次数,分别占灾害总次数的34%、32%、13%和9%。除了主要因为地质活动引发的地震之外,其余几项经常发生的自然灾害都与大气涡旋的活动有关。在中国所处的亚洲,由自然灾害导致的损失占全球总量的89%,致死人数也是五大洲之最。因此,我们只有深入研究大气涡旋,才有可能揭示台风、沙尘暴、龙卷风、雷暴等气象灾害的端倪,从而为防灾和减灾提供科学依据。

灾害天气的"罪魁祸首"

在电视新闻里,我们常常可以看到关于台风、热带风暴和龙卷风等气象灾害的报道;有些时候,天气预报也会发布台风预警信息。这些导致严重灾害的天气,都与大气涡旋的活动有关。

中国所处的亚洲,是地球上自然灾害损失的重灾区。在亚洲,自然灾害导致的损失占全球总量的89%,致死人数也是五大洲之最。而在亚洲每年遭受的气象灾害中，与大气涡旋（气旋或反气旋）有关的水灾、旱灾和热带气旋（台风等）又占据了灾害总量的绝大多数。

例如，2004年夏天，亚洲东部和南部在异常强劲的梅雨锋、印度季风和热带气旋的共同影响下，发生了暴雨异常持续的现象，使中国、日本、印度、孟加拉等国家，以及东南亚地区和朝鲜半岛各国发生了大范围严重的洪涝灾害。而对于年长一些的中国人来说，1998年的中国大洪水是更为触目惊心的灾难。当时，电视新闻用大量时间来报道各个灾区的救灾情况和英模人物。这场洪灾的灾民总量多达1.8亿人次，直接经济损失达人民币2550.9亿元。

如果仔细分析这些导致自然灾害的大气涡旋，我们可以发现它们大体分为3个不同的尺度。最大尺度的一类是行星尺度的涡旋现象，也就是影响地球上相当大范围区域的大气涡旋。较为典型的一种行星尺度大气涡旋是反气旋涡旋，也就是呈顺时针旋转的大气涡旋，主要是指副热带高压现象。它的控制区会出现高温、干旱，其边缘则会出现暴雨带。另一种行星

○干旱开裂的地面

尺度的涡旋现象是大陆冷高压，它会带来寒潮爆发、强降温，冷高压前锋面天气则是大风和降水带。

第二个类别是天气尺度的气旋性涡旋，它们是呈逆时针旋转的，会影响数个省份的天气。这种涡旋主要包括以下几类：极地气旋带来冷空气入侵和强暴风雪天气；台风带来强风、强降水、风暴潮和雷电；温带涡旋带来大风、暴雨或者强对流天气和雷电；沙尘暴带来大风、扬尘、扬沙等沙尘天气；若某区域冷空气入侵次数变少，将会导致雾霾天气变多。

第三个类别是中小尺度的涡旋群与对流系统。飑线（排列成带状的雷暴群）会带来强风、风向剧变、风速急增、气温骤降，并伴有强降水和雷电；龙卷风具有强大的破坏力，会带来强风、强降水和强上升运动；雷暴会导致雷击、闪电、大雨和冰雹；冬天的暴风雪，也可以归因于中小尺度的对流系统。

不同的气旋，持续的时间尺度也不一样，有的是一天，有的可能持续3~5天，有的甚至仅能持续几个小时。比如龙卷风就是突然出现又突然消失的。

○洪涝灾害

寻找大气涡旋生长的"温床"

有可能导致气象灾害的大气涡旋是如何产生的呢？这些现象背后，其实是一套非常复杂的机制。

大气涡旋的第一块基石是科里奥利力，简称为"科氏力"。我们知道，地球是在不断自转的，这种运动在地球上留下了很多痕迹，比如江河的河岸冲刷现象。早在19世纪初，一些细心的人就发现，所有的江河都不是严格意义上的"顺流而下"。北半球的江河在流入大海时，河水会向流向的右侧偏转，使右岸变得很陡峭。比如，发源于中国青藏高原的长江、黄河，因为自西向东部流入太平洋，故而南岸会比较陡峭，被称为"侵蚀岸"；北岸则比较平缓，被称为"堆积岸"。俄罗斯的鄂毕河、叶尼塞河和勒拿河，因为是自南向北流入北冰洋，所以东岸比较陡峭，西岸则大都平缓。北半球河流的这种右偏流动留下的"痕迹"，证实了地球自转偏向力，也就是科氏力的存在。

地球上各个大洋的大尺度洋流，也

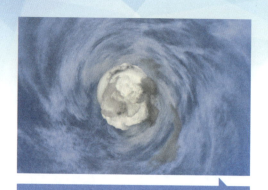
○大气漩涡

部分受到科氏力的影响。可以说，科氏力、海风和海陆边界的地形，决定了地球海洋洋流的方向。以北半球中纬度的太平洋海域为例，海面受到大气西风急流的动力作用，使北部边缘海水流向东面，形成了北太平洋暖流。由于地球自转的作用，北太平洋暖流向右偏。同时，由于东面海陆边界地形的阻挡作用，向东面水陆边界流动的大部分海水，流向了赤道方向，形成了加利福尼亚寒流。在靠近赤道洋流南部边缘，由于大气信风的动力作用，海水流向西面，形成了北赤道暖流。同样，在科氏力与太平洋西边界地形的作用下，西边界的大部分海水流向了极地方向，形成

延伸阅读

证明地球自转的傅科摆

1851年，法国物理学家莱昂·傅科设计了一种特殊的摆动实验，以便让人们直观地看到地球自转现象，"傅科摆"由此而得名。

第一个傅科摆被安装在法国巴黎先贤祠最高的圆顶下方，摆长67米，摆锤重28千克，悬挂点经过特殊设计，使摩擦力降到最低。在傅科摆试验中，人们可以看到摆动平面沿顺时针方向缓缓转动，或者说摆动方向不断变化的现象，因而可以说亲眼看到了地球自转现象。

根据放置位置的不同，傅科摆现象在全球各地会出现比较大的差异。在北半球时，摆动平面顺时针转动；在南半球时，摆动平面逆时针转动。在纬度越高的地区，傅科摆现象就会越显著。

台风命名表

在亚太地区，人们为台风命名的做法始于20世纪初，但通常只是地方性的、带有调侃意味的诨名。1997年，在中国香港特别行政区举行的世界气象组织台风委员会第三十次会议决定，西北太平洋和（中国）南海的热带气旋统一采用具有亚洲风格的名字命名，并决定从2000年1月1日起开始使用新的命名方法。

根据这一决议，世界气象组织所属的亚太地区的14个成员（柬埔寨、朝鲜、日本、老挝、马来西亚、密克罗尼西亚联邦、菲律宾、韩国、泰国、美国、越南，以及中国大陆和香港、澳门两个特别行政区），各给出10个台风名称，编制成由140个备选名称组成的台风命名表。

如果某个热带气旋给台风委员会成员国造成了特别严重的损失，该成员国可申请将该热带气旋使用的名称从命名表中删去（永久不再使用），并将该热带气旋使用的名称永远命名给该热带气旋（永久命名），其他热带气旋不会再使用这个名称。如果某个名称与现行的东北太平洋热带气旋命名表发生冲突，也会因为"技术原因"而被停用，以免在国际防灾减灾交流过程中发生混淆。在某个名称被停用之后，一个新的备选名称会被补充进命名表，使总数仍然保持在140个。

了日本暖流。北半球中纬度的太平洋洋流回路就是由这4道洋流所组成。

地球自转产生的科氏力，可以影响水流也可以影响空气。但想要形成涡旋，仅有科氏力还不够，也有赖于空气本身的性质，那就是被加热的空气，会因为密度下降而气块上升。几个世纪以前，人类将这种知识发展成了可以载人飞向天空的热气球。而如果放眼地球，我们可以很容易地发现，空气也会被阳光所加热。具体来说，在低纬度地区（比如赤道）被加热的空气会上升，而极地的空气因为寒冷会下沉，并流向赤道以补充热空气上升导致的空缺。这种冷暖空气不断地交互流动，就

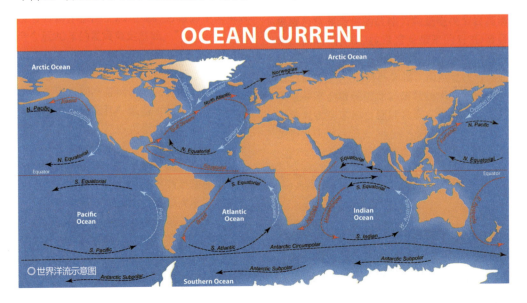

○世界洋流示意图

是大气环流的基础。

由于冷暖空气的交换，寒潮要从北方袭向南方，而暖湿空气会从南方不断向北输送上来。两者交汇之处，就伴随着云和雨，这也从大气热量平衡的角度产生了寒潮和暖湿气流的输送与交换。地球大气向极地输送热量和动量，而南北两极与赤道之间存在的温差，是地球大气环流及其行星尺度涡旋的重要驱动力。地球自转产生的科氏力，北半球科氏力偏向运动方向右侧，南半球科氏力偏向运动方向左侧。另外，由于局地冷暖差异造成气压的非均匀性，即气压梯度力的影响，气流总是从高气压流向低气压。这些因素均使大气运动发生更为复杂的变化，并在地球大气形成了形形色色不同的尺度的涡旋。

台风何以"兴风作浪"

在大气涡旋导致的气象灾害当中，热带气旋是人们最熟悉的一类。在西北太平洋沿岸和（中国）南海，热带气旋被称为"台风"，在大西洋沿岸则称为"飓风"。对于中国来说，每年夏秋季节的台风天气，都有可能带给沿海地区比较严重的灾害。

为什么台风能够拥有强劲的动力，而且可以远距离移动，从低纬度来到中纬度地区，登陆之后还会持续一段时间才会消亡呢？这是因为，在海洋上，它持续地

◎台风上空俯视图

将低层的暖湿空气吸进这个涡旋之中。空气在上升过程中，温度会降低，升到高层的时候，水汽就会凝结，并释放出大量潜热。高层空气受热之后密度发生改变，形成相对周围的高气压，气流由中心向外流出，促使低层周边暖湿气流汇合进来。因此，只要台风是在海洋上移动，水汽就会源源不断地涌进来，并在高空凝结释放潜热。这决定了一个中等强度的台风会拥有比原子弹爆炸大得多的能量，故而能维持巨大的台风涡旋，并且向着陆地移动。

○台风入境（它可以毁坏建筑和树木，也能带来降雨）

作为能够远距离移动的涡旋系统，台风往往经历"长途跋涉"才登上陆地。在此之前，它们在海上吸收暖湿空气，同时释放能量，一路"兴风作浪"。如果从太空中往下看，台风就像一个正在地球上空旋转的"陀螺"。一般来说，一个台风的直径可达上千千米，厚度可达10千米以上。

当台风接近陆地或登陆后，由于失去海洋水汽源，台风涡旋就会减弱。但为什么有时候，台风会突然引发异常的暴雨

○台风"莫拉克"来袭

天气呢？这是因为，在有些时候，台风可以从临近的另一个台风涡旋里，或者从西南气流带的暖湿空气中，大量吸进了暖湿空气。这种"能量营养"的供应，有可能让一个将要消亡的涡旋重新变强，从而导致了台风登陆过程中的异常暴雨。

2009年，中国台湾省遭遇了历史罕见的暴雨、洪水灾害。这些灾害，就可以归因于当时来到台湾岛附近的"莫拉克"台风，与西侧的"天鹅"台风发生了联系。这两个台风涡旋之间发生了传输水汽的情况，导致了台湾省的水灾。2012年夏天北京市的"7·21"特大暴雨，其实也和台风活动有关。当时，华北地区北侧是中纬西风槽涡旋系统，北京位于槽前，南侧中国东南沿海的台风涡旋与孟加拉湾热带气旋的暖湿水汽流亦汇合在北京区域，形成了水汽聚合的多支强水汽输送特殊通道。这种"三涡"共存并相互影响的局面，为局地暴雨形成的中小尺度系统，以及强对流、不稳定大气结构共同作用提供了动力因素与暖湿水汽等条件，才造成了这场特大暴雨，给北京人留下了难以忘怀的记忆。

END

观众问答

Q 台风给人类带来了灾难，但我们能利用它们蕴含的强大能量吗？

徐祥德：若从潜在能量的角度来讲，台风的涡旋也是一种风动力。如果我们建在海上或海岸的风力发电机阵列可以利用台风巨大能量的潜力，关键在于能否正常运行，就有可能将台风巨大的风力转化为清洁能源。

但是，所有的风力发电系统，都有一个难以克服的缺陷，那就是对不同天气的影响很敏感，运转往往不太稳定。因此，难以将台风巨大的能源有效地输入电网。

除了从能源利用的角度考虑，我们也可以看到台风的另一种资源开发价值，那就是它们从海上带了大量的水资源来到陆地。这虽然形成了一些风雨灾害，但也给沿海陆地带来了丰富的水资源。如何找到趋利避害的途径，将台风造成的不利因素转变为人类所需的风能、水资源，是值得气象学界思考的课题。

Q 如果全球变暖的趋势得不到遏制，那么，台风和龙卷风的次数会不会越来越多，从而给国家的发展带来比较严重的影响呢？

徐祥德：20世纪以来，在气候变暖背景下，极端天气气候事件的强度和频率发生了明显变化。目前的统计数据表明，超强台风的强度在增加，旱灾和涝灾的频次也在增加。

我们的地球大气长期以来维持着一种能量平衡的状态，它的变化机制是极为复杂的。人类排放过多的二氧化碳等温室气体，导致了温室效应加剧，则打破了这种地球大气能量平衡的状态。最近一些年里，我们倾向于相信失衡的趋势已经显现，比如中国北方遭遇"暖冬"以及局地暴雨、干旱频发等现象。在地球大气破坏了"平衡"状态的过程中，灾害天气、极端天气有可能频发。另外，全球区域大气环境恶化，尤

○ 台风入侵

其气溶胶的影响等，也可能导致区域气候变异现象，这也意味着防灾减灾的任务会更加艰巨。

○龙卷风的涡旋是一种巨大的潜在能量来源

延伸阅读

我们有可能影响热带气旋吗?

1945年，美国成功试爆了人类第一颗原子弹。核武器的巨大威力，让人们想到了它在散布毁灭和战争威慑之外的又一种用途，那就是将核武器送入热带气旋（台风或飓风）的中心引爆，通过"炸毁"它们的方式来避免气象灾害。但随着核武器技术的进步，特别是威力更为强大的氢弹出现之后，人们意识到以核武器消灭热带气旋可以说是妄想。这是因为，尽管核武器能量巨大，但大多数核武器的威力，仍然难以和热带气旋比肩。如果以表示核武器威力的"TNT当量"来折算，热带气旋的当量可以达到数千万吨TNT，相当于人类曾经制造过的最大型的氢弹。而这种级别的核武器如果引爆，特别是为消除热带气旋而频繁引爆，将具有全球性的影响，其代价远比热带气旋本身造成的损失要大得多。

同样在20世纪40年代，曾经获得诺贝尔化学奖的美国著名化学家欧文·朗缪尔，设计了一种"打太极"式的方案，那就是用飞机在热带气旋的适当部位播撒碘化银等催化剂，使其内部能量重新分布，实现削弱热带气旋的目标。1947年，美国根据这一理论实施了尝试影响飓风的"卷云计划"，却不想"帮了倒忙"。作为实验对象的飓风原本正远离美国大陆，却在人们播撒催化剂之后突然转头向西，并且在佐治亚州和南卡罗来纳州登陆，酿成了巨大灾祸。时至今日，我们也很难判断这次实验究竟是成功还是失败，只不过，它让人们意识到，热带气旋的发生和运转机制，可能远比人们想象的要复杂得多。

从1963年开始，美国实行了相当于"卷云计划"升级版本的"狂飙计划"，通过用飞机播撒催化剂的方式，扩大热带气旋的"风眼区"以减弱风速。在计划实施期间，人们总共追踪了15个飓风，并尝试对其中4个进行了播撒催化剂的实验。但这些工作同样很难判断成败，因为人们无法说清，播撒催化剂之后发生的飓风减弱现象，是否刚好属于飓风自身的演变。1983年，"狂飙计划"宣告结束，尝试人工影响热带气旋的研究也暂时告一段落。它给后来人留下了珍贵的资料，也留下了待解的谜团。

徐祥德：
揭示风云变幻的奥秘

在青藏高原读懂灾害天气

在中国所处的亚洲，由自然灾害导致的损失占全球总量的89%，致死人数也是各大洲之最。因此，对于中国的气象工作者来说，研究灾害天气的来龙去脉就成为一项重要的工作。

青藏高原是中国地势最高的区域，喜马拉雅山脉更被誉为"世界屋脊"。因此，青藏高原的地–气过程及边界层结构，对全球、亚洲以及中国区域环境生态与灾害天气都会产生很大影响，尤其是高原水热过程、边界层结构及其对长江流域洪涝和水资源的影响，都是亟待解决的重大科学和技术难题。

因此，在1995—2000年间，"青藏高原地–气过程观测和影响理论研究"项目，被纳入国家的"攀登计划"（中国为加强基础性研究而制订的一项国家基础性研究重大项目计划），成为B类（工程与技术科学）项目之一。老一辈科学家陶诗言与陈联寿院士任首席科学家，徐祥德任首席科学家助理并担任了1998年高原区域现场观测试验的副总指挥，他在高原地区联合多部门，具体组织设计、实施"世界屋脊"东西向剖面地–气过程及边界层综合观测试验工程。该现场观测试验首次取得了国际上高原地–气系统及边界层综合观测系统资料，所建立的科学试验综合数据库，已成为日本、美国等国际科学试验重要数据系统组成部分，并以CD形式发行，具有重要国际影响。

基于高原现场观测试验的研究成果，徐祥德负责设计的高原及周边区域边界层及水分循环综合观测计划，被国家科技部选入JICA中日政府间重大合作项目之一，并经日本科技厅组织多次高层专家论证，被评选为A等级最优合作计划。该计划以解决东亚灾害天气、气候、长江流域洪涝预报和西藏生态安全屏障保障、南水北调工程水资源监测与评估技术等平台为目标，对青藏高原及（青藏高原）东缘灾害天气上游关键区的早期预警"强信号"获取，具有重大的科学与业务应用意义。

○徐祥德院士在做气候变化报告

多年来对青藏高原的实地考察和科学观测试验的大量研究，使徐祥德所负责的研究组，积累了丰富的青藏高原气象问题研究实践与扎实的技术基础。他成功地发展了青藏高原大气综合观测工程设计思路与动力学理论，提出了青藏高原边界层湍流结构——对流云发展综合物理模型，青藏高原灾害天气上游关键区"强信号"及海洋—陆地水汽输送"大三角"影响域"转运站"，青藏高原"大气水塔"水分循环等创新理论。他主持的青藏高原新一代大气综合观测计划及其研究成果深化了"世界屋脊"大气动力、热力过程影响及其变化机制的认知。

发现气象灾害的端倪

在中国，让巨量的人口得到充足的食物，从来都是施政方针的重要组成部分。即使在农业技术发达的现代社会，保障粮食安全也仍然是一项重要的施政方针。这是因为，中国在用仅占世界7%的耕地，养育着占世界22%的人口。

1996-2000年间，徐祥德主持了名为"农业气象灾害防御技术研究"的攻关项目。按照当时的统计数据估算，中国在进入21世纪之后，人口数很可能会攀升到16亿，而想要保障他们的粮食安全，就需要尽可能避免气象灾害对农业生产的影响。徐祥德联合农业部、水利部、林业局、中国科学院等部门，在19个省份针对干旱、涝渍、冷害、霜冻、雹灾和森林火灾等，联合多部门首次实施了农业

◎徐祥德院士在做青藏高原主题报告

◎徐祥德院士和省气象局领导在与工作人员交谈

气象灾害综合防御、调控系统示范工程，取得了重要的社会效益和经济效应。

为城市撑起环境"保护伞"

当时间进入21世纪，环境污染开始成为中国各个大城市都要面对的新问题。为了解决这种"城市病"，徐祥德担任了"973"城市大气环境项目首席科学家，于2001-2003年实施了北京城市边界层大气环境立体综合观测试验。在观测数据的基础上，他提出了一系列关于城市大气污染多尺度影响域及其与水、土、气污染相互作用的新认知，为遏制城市环境污染提供了可能的途径。

徐祥德还是著名的城市环境专著《北京城市大气环境现场观测试验工程》的第一作者。他主持的城市大气环境研究项目，被世界气象组织评为城市环境领域全球先导性示范计划之一，而且在网站上设置了"开拓性成果"专栏，长期公布这个项目的进展情况。

多年来，徐祥德主持实施与设计了多项多部门联合的国家级大气科学观测试验重大计划，推进地球系统多圈层综合观测系统，发展了城市大气与环境等交叉学科的关键技术与应用理论，为拓展大气与其他圈层相互影响的综合观测系统与应用分析新技术途径做出了重要贡献。

小同学们是我们未来的希望.

徐祺

2016.9.19

　　徐銤，快堆技术专家，中国工程院院士，现任中国核工业集团快堆首席专家。他主持铀水栅和快中子零功率物理实验，自20世纪60年代末起，从事快堆总体设计、快堆发展战略和关键技术选择的研究，编制中国快堆技术发展规划，确定了中国快堆发展的基本技术路线。他负责快堆技术科研和快堆设计研究，提出快堆设计的安全要求，领导完成中国实验快堆的概念设计。1996-2011年间任中国实验快堆工程总工程师，负责设计、设备制造、建造、安装、调试的技术决策，以及设计验证项目的选择和技术决策。

徐銤院士：

快堆，核能发电的未来

摘要 从1954年的奥布宁斯克核电站开始，核能为人类带来了缓解能源危机的可能性。60多年过去，核电站已经发展到了第三代，为人类生产出越来越多的电能，而更新一代的核能技术也正在研发之中。那么，第四代核电站将会呈现出怎样的面貌？按照美国著名核物理学家、"核反应堆之父"恩里克·费米的预言，让核燃料在一定时间段内"越用越多"的核反应堆终会出现。如今，这种听起来仿佛天方夜谭式的技术，正在科研人员手中成为现实。

一次重要的论坛

2015年5月15日，中国工程院和国家能源局联合召开以"核能与安全"为主题的第三届能源论坛。此届论坛十分重要，原因有二：其一，从其生产链来看，核能在能源大家庭中属于基荷能源，每生产一度电排放的碳当量最少（参考右图），如果大规模发展，可以逐步替代高碳能源，是中国清洁大气、减少雾霾的必经之路；其二，如果核电站发生严重事故，会导致环境污染，因此，保证核安全是核能发展的关键。

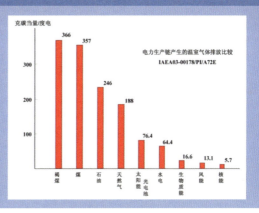

电力生产链产生的温室气体排放比较
IAEA03-00178/PI/A72E

核能发电缓解能源危机

1983年，中国决策发展商用核能发电，并且确定了核电研发"三步走"的路线图。按照计划，中国首先要发展当时已经成熟的压水堆，而后着手研发快中子反应堆（下文简称"快堆"），远期规划则是要掌握可控核聚变技术，彻底消除能源危机。

当中国做出这项决策，并在第二年开始兴建秦山核电站的时候，压水堆已经是世界商用核电站中的主流技术。所谓"压水堆"，就是以普通的水作为中子慢化剂和冷却剂的核反应堆。另一种相对常

○秦山三期核电站航拍图

见的商用核反应堆是"重水堆"，也就是用重水作为中子慢化剂和冷却剂的核反应堆。除此之外，还有"沸水堆"等堆型。

我们知道，目前的商用核反应堆，都是基于核裂变原理工作的，也就是用中子击打铀的同位素铀-235的原子核，使它分裂成两个比较小的原子核，释放出能量和新的中子。击打在原子核上的中子，速度必须恰到好处，不能过快或过慢。因此，核反应堆需要用慢化剂，将核反应释放出的中子减速，以维持上述堆型的链式反应。

压水堆和重水堆各有其优势和劣势。普通水对中子减速的效果有限，因此压水堆使用的核燃料，是经过低度浓缩的铀，以增加铀-235同位素的含量。重水堆则因为重水的慢化效果更好，而可以使用铀-235含量更低的天然铀作为核燃

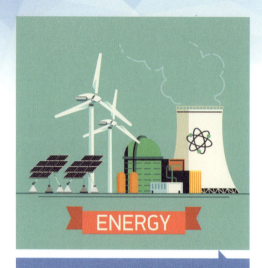

○核能与风力、太阳能共同作为新型能源使用

料，绕过浓缩铀这个不易掌握的技术步骤；但制取重水的成本相当高昂，限制了重水堆的商业潜力。因此，世界上的大多数商用核反应堆，都采用压水堆模式。

无论哪一种核反应堆，其存在的价值，都是缓解人类面临的能源危机。从工业革命以来，人类使用的能源，大多是煤炭、石油等化石能源。但这些能源正面临着枯竭的危机，而且使用它们会排放出大量的二氧化碳，加剧地球的温室效应。燃烧化石燃料也会向大气层排放硫氧化物、氮氧化物，最终形成危害人类的酸雨。

相比之下，核能是能量密度更高的能源。1000克铀-235如果完全裂变，产生的热量相当于燃烧2700吨标准煤释放的热量，由于核反应堆产能密度大，每千瓦产电能耗就小，所以从整个生产链讲，它生产每度电所消耗的燃料比起其他清洁能源是最小的，也就是每产一度电放出的CO_2或碳当量是最小的。由于能量密度更高，发展核能还有效地省下了为运输燃料

○发展核能是地球未来的选择

消耗的那一部分能源。所以，发展核能是一种着眼于未来的选择。

从能源设备的全寿命周期来考虑，发展核能也是合算的。风能、太阳能、地热能和海洋能等能源发电，也不会产生碳排放。但从生产链而言，这些产能设备相对核电的密度低，导致排放CO_2要高于核电系统。所以，即使是在需大力发展的清洁能源中，核能也应得到优先地位。

充满潜力的"快堆"技术

然而，目前主流的核电技术也不是完美的。无论是压水堆还是重水堆，都属于"热中子堆"的范畴，也就是把中子减速之后（称为"热中子"或者"慢中子"）再应用于核反应。这种反应堆的局限性，在于它只能使用铀-235来进行核反应。在天然铀当中，铀-235同位素的含量只占到0.7%，其余则大多是不易通过热中子触发核反应的铀-238同位素。因此，目前的核反应堆对核燃料的利用率是很低的，这就推高了核能发电的成本，也限制了核能发电在整个能源供应体系中所占的比重，因为地球上的铀矿产量难以满足过多核电站的需求。另一方面，大量的核废料也成为一种潜在的污染源，而目前人类还没有很好的处置核废料的办法，只能将它们放在专用的废料场里妥善保管，等待它们的放射性下降到不会危害环境的水平，但这需要极为漫长的时间。

正是目前核电技术的这两个"痛点"，使发展快堆成为核能研究的一种趋势。顾名思义，这种反应堆不会对中子进行减速，而是选择新的核燃料来进行可控核裂变反应。

快堆的核燃料是钚的同位素钚-239。钚是一种超铀元素，也就是比

○中国第一座重水研究堆

○ 选择钠作为冷却剂大大降低了中国实验快堆堆芯熔化的概率

铀更重的元素，在自然界中并不存在。但如果以快中子轰击铀-238，那么它就会吸收中子形成铀-239，再衰变成钚-239。正是这种特点，使快堆成了一种能够让核燃料"越烧越多"的核反应堆。我们只需把原本被视为核废料的铀-238布设在外围，以压水堆生产的钚-239作为快堆的初装料，那么钚-239发生核裂变反应之后放出的快中子，会逐渐把铀-238变为新的钚-239。这种让核燃料增殖的技术，会极大地提升铀矿石的使用效率。

为了维持快堆里特殊的链式反应模式，保证核燃料的增殖，快堆需要保持中子的速度，以完成对铀-238的转化。因此，它不仅没有压水堆里作为中子慢化剂的水，也不再能用水作为冷却剂，以免让中子减速。所以，中国的第一座快堆"中国实验快堆"（CEFR），选择了钠作为冷却剂。

我们可以用乒乓球来做比喻，说明快堆选择钠作为冷却剂的原因。如果让一个高速运动的乒乓球撞击一个静止的乒乓球，那么高速运动的乒乓球会减速并弹回来，而静止的乒乓球也会缓慢移动一小段距离，这是因为两个乒乓球质量相同的缘故。压水堆和重水堆分别以水和重水作为中子的减速剂，就是利用中子与氢原子核或氘原子核质量相近的特点，实现对中子的减速。但快堆是一个需要维持中子速度的环境，所以不仅不能有减速剂，也要避免作为冷却剂的水"帮倒忙"。而钠原子的质量比中子大得多，因此中子撞到上面，就如同用力将乒乓球扔向球桌。由于两者质量差距很大，球桌不会移动分毫，但乒乓球仍然会以高速弹起来。

以钠为冷却剂，也有助于快堆本身的安全性。钠的沸点是883℃，熔点是98℃，而快堆运行时候的温度大约是400~550℃。所以，用作冷却剂的钠不会沸腾，又因为已经融化而保持很好的流动性，加之钠的导热性很好，因此即使快堆堆芯熔化不会发生压力过高导致蒸汽爆炸和大量放射性物质外泄的事故，可以有效保证环境的安全。中国实验快堆的堆芯熔化（堆芯无法被冷却的核事故）的发生概率大约是4×10^{-7}/堆·年，可以说是极小概率的事件。由于非常安全，像中国实验快堆这样的核反应堆，甚至可以建在距离居民区只有153米的地方。

发展"快堆"着眼核能未来

2010年7月，中国实验快堆首次达到了临界；2011年，它以40%的功率并网发电。到2014年12月，它达到了满功率运行状态。从并网发电开始直到2016年秋，这个核反应堆生产了超过1000万千瓦时的电能，输送进入华北电网。

装机容量只有20兆瓦电功率的中国实验快堆，是中国发展快堆的第一步。

（作为对比，中国第一个商用核电站秦山核电站的一期工程，装机容量是300兆瓦。）在中国实验快堆之后，下一步的研发计划，是要在2023年建成装机容量600兆瓦的"中国示范快堆"，而后可能是更大型的1200兆瓦的示范堆。在推广4~5个示范堆之后，我们就会让快堆投入商用。

目前看来比较稳健的估计是，到2050年的时候，快堆产生的电能，会在中国的核能发电总量当中占据一定的比重。大部分放射性比较高的核废料，会被商用快堆所消耗，重新成为有价值的核燃料，最终转化为热能和电能。届时，将逐步壮大中国的清洁能源。

1942年，当美籍意大利裔核物理学家恩里克·费米在美国芝加哥大学发明核反应堆的时候，他曾经预言："首先发展增殖堆的国家，将在原子能事业中得到巨大的竞争利益；懂得如何建造增殖堆的国家，将很可能永远解决能源供给问题。"如今看来，这位核物理泰斗对技术进步做出了惊人准确的预言；他寄予厚望的增殖堆，已经因为快堆的完善而成为现实。

END

延伸阅读

第一座核反应堆

1942年，人类第一台核反应堆由美国籍意大利裔核物理学家恩利克·费米领导的小组，在美国芝加哥大学的一座体育馆正面看台下建成。它被命名为"芝加哥一号堆"，在12月2日首次实现了可控铀裂变链式反应，开启了人类的核能时代。芝加哥大学也因此被誉为"核能诞生地"。

1943年，芝加哥一号堆停止运行，被拆解并运到芝加哥的红门森林，在那里重新组装并安装了防辐射系统。新的核反应堆被命名为"芝加哥二号堆"，后来发展为美国阿贡国家实验室，专门从事和平利用核能的研究。核反应堆无法搬走的部分被留在芝加哥大学校园里，如今已经成为一个"美国国家历史地标"。

观众问答

Q 快堆会不会像原子弹那样，随着核燃料增殖，演变为不可控制的核裂变反应？

徐銤： 原子弹和未来作为核电站使用的快堆，虽然都没有目前商用核反应堆所用的慢化剂，而且都是用快中子引发裂变，但仍然有很大的差别。

原子弹使用的核装药，是极易裂变的钚或者高浓铀–235；而快堆中布设了大量无法发生核裂变的铀同位素铀–238，以实现有利于经济性的核燃料增殖效果。铀–238俘获中子后大多不会裂变，需要转化为钚–239后才容易裂变，这就极大地限制了快堆的能量释放速度。此外，快堆也是为长期商业运行设计的，它的核装料仅仅稍微多于维持链式反应的需要，而且

○ 核爆炸（概念图）

设有吸收中子的安全控制装置，以便在必要时启用以保证安全。因此，快堆不会像原子弹那样爆炸。

Q 目前，一些新闻报道中提到了以钍元素作为核燃料的核反应堆研发思路，中国会大规模发展这样的核反应堆吗？

徐銤： 在一些核能理论中，钍元素被认为是铀的替代品。在自然界中最常见的钍同位素是钍–232，它本身并不是裂变物质，但一个钍–232原子核吸收一个中子就会变成钍–233。这种同位素很快就会衰变，变成另一种易于裂变的铀同位素铀–233。

但是到目前为止，中国还只是计划建造少量的钍反应堆，以服务于学术研究，而不会在短时间内将其投入商用。这是因为，中国已经搭建起了基于铀的核工业体系，所有的商用核反应堆都使用铀作为核燃料，利用易于裂变的铀同位素铀–235生产能源，并为铀–238寻找可能的用途。建造一套核工业体系的成本是非常高的，因此我们并不太可能再为钍搭建一套与铀平行的核工业体系。

钍反应堆

现有的核反应堆对铀的利用率较低，这使一些核物理学家着手研究以钍实现核反应的可能性。钍反应堆的原理是用钍同位素钍-232，通过吸收中子再衰变成为铀同位素铀-233，并以此开始核裂变反应。

自然界里的钍主要存在于独居石中，独居石易于开采而且比铀矿丰富得多，这使钍有可能成为铀的"超级替补"，在未来成为新的核燃料。但大力发展钍反应堆，有可能意味着人类现有的核工业体系，从核燃料开采和制造，直到核废料的处理，都需要大幅度改造乃至重建。因此，对现有核电站进行适度改造，使其能够接受钍与铀的混合燃料，或许是一种可行的调整方案。

○核电厂

徐銤：
着眼核能发电的未来

亲历快堆事业半个世纪

当今世界，各个大国都在研究如何大规模应用清洁能源，避免温室气体过量释放，核能成为较好的选择之一。为了让核反应堆对核燃料的利用更为高效，发展快中子反应堆（快堆）势在必行。中国工程院院士、中核集团首席科学家徐銤，就是中国快堆事业的开拓者和奠基人之一。他为此整整奋斗了47年，使中国成为世界上少数几个拥有快堆技术的国家。

徐銤1961年从清华大学毕业后，就到中国原子能科学研究院工作。这里是新中国"两弹一星"功勋单位，涌现了钱三强、王淦昌、朱光亚等一大批科学家。徐銤在走上

○徐銤院士带领比尔·盖茨参观快堆实验室

科研岗位之初，就耳濡目染了科学大家们的言传身教，秉承了"以身许国、敢为人先、严谨求实"的精神。

从事快堆研究，对于徐銤来说，可谓"一波三折"。1965年，他就对快堆开始自学研究，1970年又参加了中国第一个快堆零功率装置东风六号的启动实验，并主持达到首次临界。这次"零的突破"，开启了徐銤与快堆的不解之缘。

1971年，徐銤与快堆研究的有关科研人员举家从北京市房山县（今天的房山区）搬迁到四川省夹江县。由于当时快堆科研陷入经费不足、方向不明的窘境，研究人才不断流失，原本300余人的队伍，在短短一年中只剩下100多人。就在很多人选择放弃的时候，徐銤谢绝了待遇更好的单位。此后16年里，他不仅坚守着发展快堆的信念，还积极鼓励身边的同事不要放弃，继续研究。

为了更多了解快堆技术的进展情况，在夹江县的山沟里工作的徐銤，每年出差2~3个月，坐着绿皮火车四处奔波，有时一坐就是30多个小时，而且还常常因为没有座位只能站着。16年的坚持终于迎来了曙光，随着"863"高技术研究发展计划的出台，快堆技术的发展也迎来了转机。在"863"计划

支持下，快堆项目开始了预先研究。作为国家"863"计划能源领域快堆专家组成员和快堆设计研究项目技术负责人，徐銤开始了他在快堆领域的新征程。

○中国实验快堆

执着事业确保快堆安全

徐銤格外珍视国家注重快堆发展的契机。他始终记得，自己青年时期刚刚取得一些科研进展，便遭遇了快堆研究的低谷。因此，在快堆研发重启之后，特别是到快堆工程建设阶段，多年从事科研工作，长年与数据、图纸打交道的徐銤，还要经常在十多层的厂房爬上爬下，检查施工和安装进展，处理技术问题。在快堆临界、并网发电前后的日日夜夜，这位七旬老人更是废寝忘食，一丝不苟。

"我坚持47年，不光因为对快堆有感情，更重要的是从老一辈科学家那里学到了对事业的执着。"徐銤是这样说的，也是这样做的。

快堆装料前夕，因为一封质疑快堆安全的匿名来信，需要组织专家再次论证。徐銤和他的快堆团队对此严肃认真对待，因为他们坚信："快堆是安全的，是科学的，是国家需要的，这是我们的基础，不怕人质疑。我们做技术的，要负责任地做好科学宣传。"于是，徐銤和大家一次次细心求证，一份科学而耐心的分析，得到了所有参会的专家和十多位院士专家的认可，论证顺利通过。

2011年3月，日本发生福岛核事故后，全世界都在重新认识核电站安全设计。事实证明，徐銤在多年之前坚持的实验快堆固有安全性和非能动安全设计，充分体现了一个科学家的社会责任和远见卓识。快堆能增殖易裂变核燃料，安全性好、废料少，具有保证核能可持续发展的特征。由于快堆采用了先进的非能动事故余热排出系统，因此福岛核电站发生的堆芯熔化事故，在快堆不会发生。

一生坚持终见出色成果

早在刚刚走上快堆研发这条路的时候，徐銤就接触到了著名核物理学家恩里克·费米的一段话。这位曾领导建成世界上第一座反应堆装置，并实现自持核裂变链式反应的科学家曾预言："首先发展增殖堆的国家，将在原子能事业中得到巨大的竞争利益；懂得如何建造增殖堆的国家，将很可能永远解决能源供给问题。"而快堆对核燃料的利用模式，就决定了它属于增殖堆的范畴。

2011年7月21日，随着中核集团总经理孙勤宣布"中国实验快堆并网发电成功"，中国第一个快中子反应堆发出的电流输向了华北电网。这标志着中国从此成为世界上第八个拥有快堆技术的国家！这一刻，一头白发却精神矍铄的徐銤最为激动。将近半个世纪的坚持，终于有了足够出色的成果。

"我的母校清华大学有个口号'为祖国健康工作50年'，我是1961年毕业的，到2010年正好工作了50年。"徐銤自豪地说。但对于中国的快堆事业来说，"三步走"的发展战略刚刚迈出了第一步。在徐銤的设想里，快堆发展的第二步，是建造原型快堆或示范快堆电站，实现工业应用。第三步则是建大型商用堆，实现商业化推广。到那时候，快堆就会为国家实现核能可持续发展、减少温室气体排放，发挥出独特而且巨大的价值。

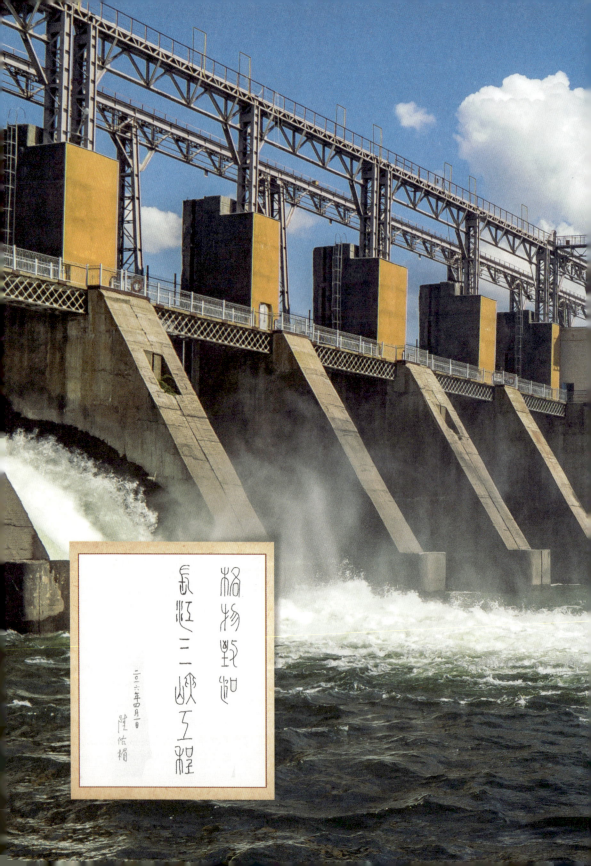

格物致知

气吞三峡工程

二〇〇六年四月一日

陆依楷

陆佑楣，水利水电工程专家，中国工程院院士，1934年1月7日生于上海，曾任水电部副部长、能源部副部长、国务院三峡工程建设委员会副主任委员、中国长江三峡工程开发总公司总经理、中国大坝委员会主席。他长期从事水利水电工程建设的技术和管理工作。先后参与、组织了刘家峡、盐锅峡、石泉、安康、龙羊峡等水电工程的建设。1993-2003年主持长江三峡工程建设，研究和决策了一系列重大工程技术和管理问题。

陆佑楣院士：

三峡工程，着眼未来的选择

摘要 水力发电已经走过了100多年的历史，为千千万万的人提供了清洁、绿色的能源。从20世纪末到21世纪初，中国在长江上修建的三峡水利枢纽，被认为是人类水利水电工程的奇迹。随着三峡工程建成并投入使用，曾经长期困扰中华民族的长江水患得以缓解；水力发电产生的能源，以及水力调蓄功能对河道航运能力的改善，正在使国计民生深受其利。在化石燃料逐渐枯竭的当今世界，开发水能资源显然是一种可持续发展的选择。

三峡寄托强国理想

对于当代的中国公众来说，修建在长江上的三峡水利枢纽，或许是最广为人知的水利工程。2016年9月，三峡工程的"收官之作"三峡升船机投入试通航。这个目前全世界最大的升船机系统投入运行，标志着中国人规划和修建三峡工程的漫长征程，终于划上了圆满句号。

我们为什么要付出巨大的成本，运用

国家在水利工程领域最为顶尖的技术，历尽艰辛修建三峡工程？或者通俗来说，我们为什么要把流淌的长江，用巨大的水坝拦腰截断？想要弄清这个问题，我们就需要上溯历史，回望长江与居住在长江流域的人们之间的因缘。

长江是中国的母亲河。但在中华文明所经历的漫长时间里，这条大河的自然状态也在不断地演变。从历代文献的记载当中，我们可以知道，在过去的大约2000年间，长江每过10年左右，就要发生一次大洪水。在生产力和水利知识非常有限的古代，每一次洪水都会造成上千万人民财产的损失。

因此，早在1919年，"国父"孙中山就曾提议在长江三峡修建某种巨型水利工程，以减轻长江的水患，并提供改善航运和发电的可能性。受制于当时中国的经济和科技实力，以及此后动荡的时局，他的构想只得被束之高阁。直到20世纪后期，三峡工程方才在逐渐富强的新中国成为现实。当三峡工程在2009年完成主体工程建设的时候，距离孙中山提出这一构想，已经过去了90年的时间。

我们修建三峡工程，并不是为了"驯服长江"，将人类科技的力量凌驾于自然规律之上。三峡工程只是根据前人在水利领域的诸多经验，努力寻找一条人与长江和谐共处，并且使长江蕴含的诸多资源为人所用的途径。不断流淌的长江，在潜移默化地影响着沿岸的地貌。每一次洪涝灾害，在伤及人类社会的同时，也改变了灾区里曾经的"原生态"环境。所以，试图以技术完全驯服自然，或是为保持绝对的"原生态"而不敢作为，都是有失偏颇的。

三峡工程的价值，并不仅仅是利用水能来发电，而是在防洪这个最大的前提之下，对长江蕴含的资源进行综合开发。从1986年开始，国家组织了400多位有资质的专家论证与三峡工程建设有关的种种问题，最终确认这项工程同时有助于防洪、水能发电和提升航运能力，规模宏大的三峡工程由此奠下了启动的基石。

○水电站示意图

三峡大坝发电工作原理是：水能变成动能，由动能变成电能。利用水位落差（即水头）和流量通过进水口12.4米直径的压力钢管流入涡壳，水流巨大的冲击力使水轮机以每分钟75转的速度转动，与水轮机在同一根主轴上的发电机也以同样的速度旋转，即可发出强大的电力。

○ 大坝闸间的水流

大坝改变长江水文

长江发源于中国青藏高原，在上海市郊的崇明岛以东注入东海。从源头到入海口，这条长约6300千米的大河，总落差大约是5360米。每一年，长江注入大海的水量大约9500亿立方米，而在三峡工程所处的区域，江水的流量大约是每年4500亿立方米。三峡大坝长2309米，高程185米，蓄水高程则是175米，这意味着大坝后面的水位被抬高了113米。

三峡大坝竣工后的"高峡出平湖"，在很大程度上改变了长江的水文。尽管因为大坝形成的总容量393亿立方米的水库，与长江的水量相比只是一个零头，但这也足以让三峡水库成为全国最大的水库，并且将人与长江的关系带进一个新的时代。

在三峡水库393亿立方米的总容量里，有221.5亿立方米是预留的防洪库容。这使洪峰可以被"暂存"在水库里面一部

延伸阅读

汉斯·爱因斯坦：探寻泥沙沉积的奥秘

汉斯·爱因斯坦是物理学泰斗阿尔伯特·爱因斯坦的长子，但他没有像提出了相对论的父亲一样投身于物理学研究，而是成长为水利工程方面的专家。

汉斯的研究领域，是水利工程对河流泥沙沉积过程的改变。由于水利工程对河水流速和流向的影响，泥沙的沉积过程，必然与工程修建之前大为不同。如果不多加注意，沉积的泥沙就有可能影响水利工程预期的效果，甚至威胁工程本身的安全。因此，几乎每一项现代水利工程，都必须在其设计阶段就考虑泥沙对工程的影响，中国的长江三峡工程也不例外。

河流泥沙沉积的机制，如果细究便会是惊人复杂的系统。每一个位于上游的水利工程，都可能会影响下游工程的泥沙沉积状况。阿尔伯特·爱因斯坦认为，这门学问甚至比他引以为豪的广义相对论还要复杂。

分，威力被大幅削弱，从而降低水库下游的防洪压力。三峡工程带来的水位改变，也让长江拥有了更多适合航运的水道。在三峡工程建成以前，从重庆市到湖北省宜昌市（三峡工程所在地）的这一段河道，是江水从山石中切割出来的狭促河谷，并不能通行大型轮船；但在三峡工程建成以后，一些溯江而上的轮船，可以根据吨位不同，分别利用船闸系统或者升降机翻越三峡大坝，继续航行抵达重庆，从而避免货物经由陆路转运的麻烦，带来了良好的经济效益。

○正在通过三峡大坝的船只

　　长江蕴含的强大水能，也借由三峡大坝被开发出来。三峡大坝的水能发电站，安装有32台70万千瓦的发电机组，以及两台5万千瓦的小机组，一共是2250万千瓦，是全世界最大的电站。可以说，世界上所有已经建成的水电站，以及其他所有类型的电站，在装机容量方面都无法超越三峡电站。不仅如此，这些由长江水能转化而来的电能，是没有碳排放的清洁能源。

　　三峡工程还有一项不易被人们想到的价值，就是能够改变水资源在一年里不同时间的分布情况。众所周知，人类生存最基础的资源就是水资源，没有水也就不可能有人类的存续。不过，有一些水源，比如地球上巨量的海水，是无法经过简单处理就被人类利用的。人类比较容易利用的水，大约是46.7万亿立方米，这才可以

延伸阅读

水电会威胁珍稀鱼类吗？

　　很多辨析"低碳"与"环保"的科普文章都会提到，世界上有不少低碳但不环保的事物，水电站就是一个典型的例子。由于开发水电需要用水坝截断河流，这很可能改变水域中既有的生态系统，甚至威胁到一些有生殖洄游习性的鱼类。

　　长江里就生活着为数不少的珍稀鱼类。三峡和葛洲坝等位于长江干流上的水利工程，对生态的一大消极影响，就是截断了中华鲟的生殖洄游通道。中华鲟是一种古老的鱼类，被称为"水中大熊猫"。它们的幼鱼在长江口外的浅海里发育成熟，而后沿长江上溯，到长江上游的金沙江产卵繁殖。但葛洲坝和后来的三峡工程打断了这种古老的生殖洄游循环，中华鲟无法凭借血肉之躯越过高坝，也不能通过水坝预留的"鱼道"上溯。可喜的是，中国在宜昌市附近为中华鲟建造人工繁育基地，以人工繁殖的方法来保证这个物种的存续，并取得了成功。

　　目前，世界上的水库大约有40万座，其中中国有7.8万座，美国有超过8万座，但它们几乎都存在影响鱼类繁殖的问题。水利工程对鱼类繁殖的干扰，现在已经引起了越来越多业界人士的重视。

被称为"水资源"。中国的人口约占全球的20%，但拥有的水资源只有2.8万亿立方米，可以说是一个非常缺水的国家，平均到每个人就更低。在长江上修建三峡工程，就可以把一部分长江水储存起来，成为枯水季节里的宝贵资源。无论是满足人们生活和工农业的用水需求，还是维系长江航运的正常运转，三峡水库里的水都弥足珍贵。

发展水电储备未来

三峡工程是一项伟大的水利工程，也是这一领域的里程碑。而人类兴建水利工程，挖掘江河中蕴藏能源的步伐，当然不会就此停歇。我们知道，如果说清洁充足的空气、水和食品，是维持人类存续的

基础，那么稳定的电能供应，就是维系现代文明的关键。自从人类进入电气时代，电能就已经是人类社会中不可或缺的资源，而水电又是电能供给体系中不可或缺的一环。

1878年，法国建成了世界上第一座水电站。一个多世纪过去，水电持续地为越来越多的居民提供清洁、绿色的能源。目前，全球有65个国家依靠水电为其提供50%以上的电能，有32个国家依靠水电为其提供80%以上的电能，有13个国家依靠水电为其提供几乎100%的电能。在世界上许许多多的国家，都有或大或小的水电工程正在服役或是兴建之中。

为什么我们要大力发展水电？这是因为，水电是一种典型的可再生能源。相比于通过煤、石油和天然气等化石燃料生产

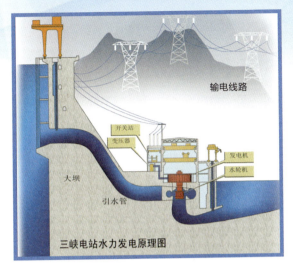

三峡电站水力发电原理图

图中标注：输电线路、开关站、变压器、发电机、水轮机、大坝、引水管

中国大陆地势西高东低，全国主要河流均自西向东流，有丰沛的径流和巨大的落差，形成了珍贵的水电资源可供开发。截至2015年年底，中国水电装机3.19亿千瓦，约占全国全口径发电设备容量的21.2%；水电站年发电量1.1万亿千瓦时，约占全年发电总量的19.6%。

曾经有人估算，以人类目前的技术水平，全球水能资源的技术可开发量为15.8万亿千瓦时，目前的开发程度大约为25%。因此可以说，未来在全世界范围内，水电的发展空间依然巨大，亚洲、非洲、南美洲将是今后水电建设的重要"战场"。在化石燃料逐渐枯竭的当今世界，开发水能资源显然是一种有利于可持续发展的选择。

END

电能，使用水力来发电不会产生碳排放，而且取之不竭。不仅如此，现代水利工程往往会将水电与防洪、航运、抗旱补水等需求综合考虑进行开发，这就会产生可观的经济和社会效益。

观众问答

Q 三峡工程会不会引发地震之类的自然灾害？

陆佑楣： 想要回答这个问题，先要弄清地震形成的机制。地球上有3条主要的地震带，它们是由于构成地壳的板块不断运动，造成碰撞、挤压而形成的。这种由板块运动导致的地震，被称为"构造地震"。

对于水利工程来说，确实存在"水库地震"的说法。水库提高了一定区域内的水位，水的质量增加带来了更大的压力，这就有可能使一些薄弱的地质构造发生断裂错动，引起地震。世界上所有的水库，几乎都发生过这类的地震，但这类地震的强度不高，而且会逐步收敛，通常不会导致很严重的灾害。

○ 被地震毁坏的地表

三峡工程的设计、建造和蓄水，也考虑到了这方面的问题。所以，在仔细研究地质构造的同时，我们在蓄水过程中也非常谨慎，并且在库区设置了几十座地震测震台进行监控。三峡水库蓄水以后，地震的频率确实增加了，但无感的小型地震很多，有感的地震很少，并不会造成很大的灾害，而且地震的次数也在逐渐减少。所有的水库都遵循着这样的规律，只是在观测上不能掉以轻心。

延伸阅读

水库地震的三种假说

水库蓄水与地震之间的潜在联系，很早就已经引起地震研究者们的关注。在中国，最著名的水库诱发地震，可能是20世纪50-60年代的新丰江水库诱发地震。1959年秋天，新丰江水库开始蓄水之后不久，其周边就出现了地震活动。1962年3月，这一区域发生了6.1级（一说6.4级）的强烈地震，也被认为是由水库蓄水诱发的。

当时，学界对这些地震活动给出了3种假说。第一种假说认为，这些地震仍然属于独特的构造地震，通过连续的小规模地震释放能量。第二种假说认为，库水对岩层缝隙的润滑导致了地震。第三种假说则将地震归结于水库放水的过程，因为这使岩层失去了库水柔和"力道"的保护，令岩层原本承受的额外地应力被释放出来。

Q 三峡大坝能够服役多长时间？

陆佑楣： 三峡大坝是依靠混凝土构筑起来的，但现代混凝土的运用历史并不长，所以我们很难说它能服役多久。根据目前的国家标准，混凝土坝的"生命周期"是100年，也就是说，只要100年内能够收回成本，就可以让这座水坝"退役"，但事实上，它的寿命此时还没有走到尽头。长江的水是没有腐蚀性的淡水，而非有腐蚀性的海水，所以三峡大坝肯定能够服役100年以上，乃至更为长久的时间。

Q 为什么在英文媒体上不时出现美国拆除一些水坝的新闻？这是否意味着水电已经过时了？

陆佑楣： 有一些反对（中国）发展水电的人士确实认为，美国等发达的工业国已经到了"拆坝时期"，也就是废弃和拆除一些以前兴建的水电站，因此，中国并不应该发展已经过时的水电。但这种逻辑很明显是错误的。

如果仔细研究被那些被拆除的水坝，我们会发现它们通常是老旧的小型水利工程。由于以前技术有限或者考虑欠周，这样的水坝并未达到预期的功能，已经没有保留的必要，所以就需要拆除，来保证其他一些更为科学合理的水利工程正常运转。这就像我们会拆除老旧的房屋，重新开发地块建造更好的楼宇一样。

○三峡大坝

陆佑楣:
推动共和国水电事业

与水结缘，开展三峡建设

1934年，陆佑楣出生在江苏省太仓市。这片滨海的土地，得益于古代漕粮海运的航路，而发展为繁盛的城市。陆佑楣的大学专业也与水结缘：河川结构及水力发电。60多年前的专业选择，令他成为新中国水电事业的亲历者。

1993年9月27日，当中国长江三峡工程开发总公司（下文简称"三峡总公司"）成立的时候，曾为三峡工程呕心沥血的陆佑楣，作为既懂技术又懂管理的顶尖人才，成为担任三

○陆佑楣院士"挂帅"三峡工程

峡总公司总经理的最佳人选。他的使命，是作为三峡工程的"业主"，全面负责这项工期长达17年的宏伟工程的建设，以及长江上游水利水电的滚动开发。

当陆佑楣来到三峡工程所在地湖北省宜昌市时，三峡工程的前期准备工作已经铺开。他面临的困难和问题很多，需要完成的工作可谓千头万绪：坝区红线范围内的征地移民是当务之急，要分秒必争；贯通南北两岸的西陵长江大桥须尽早建造；对外交通专用公路乃命脉工程，必须尽快全线开工；右岸一期工程土石围堰的填筑，需要与来年长江洪汛期到来的时间"赛跑"；永久船闸基础开挖是主体工程的"硬骨头"，必须抓紧招标准备……除此之外，坝区场内交通、码头、物资仓储、三峡机场等一个个工程，都需要陆佑楣操心。陆佑楣面对千头万绪的工作，凭借多年从事水电工作的经验，指挥着上万名三峡工程的"圆梦大军"，有条不紊地进行着创造性的工作。

1997年，当新年钟声敲响的时候，三峡工程的施工进度已经基本跟上总进度的要求，局部还略有提前；已竣工验收的项目，质量满足了设计规范；工程投资也控制在国家批准的设计概算之内。正是陆佑楣的事必躬亲、辛勤工作，成功地为"大江截流"的各项工作奠定了基础。

艰难中的决策

1997年11月8日，举世瞩目的三峡工程按预定计划，实施"大江截流"，也就是截断长江，使江水沿导流渠道流向下游，从而空出河床以进行下一步施工。

"大江截流"是三峡工程从第一阶段向第二阶段施工的重要转折点。截流成功之后，要紧锣密鼓地抢筑上下游围堰，必须在来年汛期到来之前，在堰内挖掘出左岸厂房坝段和部分溢流坝段的基坑，以展开更大规模的混凝土浇筑施工。而从此时开始到2003年，三峡工程需要完成首批14台进口机组投产发电和长江船闸通航这两项关键目标，以及需要完成预设的蓄水高度标准，从而让三峡工程真正地"活"起来。

而仅仅是引进14台进口机组这一项目标，就饱含了陆佑楣的心血。按照设计，三峡工程总共需要用到26台水轮发电机组，每台装机容量为70万千瓦。可在20世纪90年代初，中国还没有工厂可以制造这样的巨型机组。因此，陆佑楣与三峡总公司领导班子成员经过仔细研究，最终决定这前14台机组进行国际招标。招标进口合同中也同时明确，在机组制造、安装、调试运行的整个过程中，由国外厂商向国内厂商转让水轮发电机组的成套技术。这不仅使后12台机组实现了国产同国外机组竞放异彩，也让中国的大型水轮机组制造水平跃升到国际一流水平。

功成身退，着眼清洁能源

2003年，带着三峡工程建设已初具规模的喜悦，已经将近70岁的陆佑楣，从三峡总公司总经理的岗位上卸任，同年当选为中国工程院院士。截至此时，他已经直接参与了5座中国顶级水电站的建设。这些水电站的总装机容量高达2594万千瓦，都堪称是中国电力和水利水电事业发展历程中的里程碑。

带着一身荣耀走进晚年的陆佑楣，如今仍然在为中国的水电事业奔忙。10多年来，他一直致力于中国水利水电建设的宏观战略研究，自觉地关注与水电有关的生态环保课题，并为水电事业可持续发展能拥有良好的外部环境和舆论环境而奔走呼吁。

在水电这个"本行"之外，陆佑楣也站在更高的角度，思考人类节能减排的可能性，以及新能源技术的未来。10多年间，他一直积极地探索水电与核电结合的绿色能源发展新途径，以期为燃煤发电占据主导地位、减排压力巨大的中国，寻找能源结构调整的出路。

2015年12月，在由世界工程组织联合会（WFEO）于日本京都举行的2015年世界工程师大会（WEC 2015）上，陆佑楣因其在中国能源开发和可持续发展方面的杰出贡献，被授予"工程成就奖"奖章，成为这项在国际工程界享有盛誉的奖项的首位中国（大陆）获奖者。

○陆佑楣获奖

陆佑楣在获奖感言里，表达了自己对清洁能源多年来的思考。他说，随着经济社会的不断发展和资源需求的不断加大，人类的生存环境发生了巨大变化，这给全球工程师带来了极大的挑战。地球是一个紧密联系的有机整体，保护生态环境、促进低碳和节能发展，是所有工程师必须严格遵守的职业准则。因此，全球工程师们需要不断凝结智慧，共同为打造人类宜居和可持续的生存环境而努力奋斗。在全球工程界精英面前说的这一席话，正是陆佑楣卸任三峡总公司总经理之后，投身于清洁能源科研工作的缩影。

勤奋浇灌理想
立口论成就未来

王刘昌

刘文清，环境监测技术专家，中国工程院院士，现任中国科学院合肥物质科学研究院研究员、安徽光学精密机械研究所所长，国家环境光学监测仪器工程技术研究中心主任。他主要从事环境监测技术和应用研究，发展了环境光学监测新方法，研发了系列环境监测技术设备并实现产业化，集成了大气污染综合立体监测系统并进行应用示范，开拓形成了中国环境光学监测技术新领域。

刘文清院士：
抵御大气污染的防线

摘要 每个人活在世上都必须要呼吸，因此，空气的清洁程度直接关系着人们的生活质量。近年来，随着中国工业化、城市化的进程，大气污染问题正日益突出。特别是在每年的取暖季节，城市雾霾往往成为人们抱怨的话题。幸运的是，对于各种常见的大气污染物，现代环境科技都已经提供了监控的手段，使防治工作可以有的放矢。

大气污染是"富贵病"

在中国，改革开放之后的将近40年里，国家经济取得了举世瞩目的成就。如今，中国正处于工业化中后期阶段，拥有出色的工业体系。然而，由于中国是用短短数十年时间，追赶欧洲和美国在100多年甚至更长时间中走过的路，因此各种各样的污染问题，都在短期内集中爆发出来，使今天的中国面临全球最严峻、最复杂的环境问题。最近几年，很多在北京城区居住半个世纪左右的

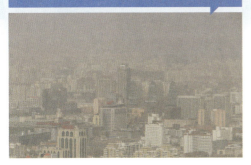

○北京的雾霾

"老北京"都发现，这座城市的空气正越来越脏。北京市和中国很多大城市面临的大气污染问题，其实就是快速现代化带给中国的"富贵病"。

如果仔细分析，我们可以发现，中国目前的大气污染问题，是多种因素综合作用的结果。最主要的因素，就是中国快速的城市化进程。2011年，中国的城镇化水平增加到51.27%，也就是城市人口首次超过农村人口。如果按照现在的城镇化速率来估算，到2030年，中国的城镇化水平会超过70%，也就是说，在未来不到15年的时间里，中国有4亿以上的农村人口会转化为城市人口。城市规模的急剧膨胀，高密度住宅区的快速成长，意味着如果城市基础设施没有跟上人口聚集的速度，就可能带来非常严重的环境污染。

中国的能源结构也成为污染难以减轻的重要原因。在中国，煤炭时至今日仍然在能源中占据过半的份额。2015年，煤炭在中国能源供给中所占的比重高达63.7%；即使到2020年，这个比重也只会降到57.9%。煤炭是一种高污染的能源，燃烧煤炭在排放大量温室气体的同时，也势必会导致比较严重的大气污染。

不合理的化学工业布局（包括化工品储存区域的布局），在特定情况下会成为环境污染的隐患。2015年夏天，中国天津港的一家危险化学品仓库发生了特大

○燃煤的工厂及排放的气体污染物

○城市人口急剧上升

气；如果发生交通拥堵，汽车发动机经常处于怠速状态，会进一步增加燃料的消耗。因此，在大气污染较为严重的时候，政府会严格执行汽车限行措施，以降低尾气排放带来的污染。

所有这些因素，共同导致了中国严重的大气污染问题。目前的气象学理论表明，霾与空气中直径小于2.5微米的细颗粒物（$PM_{2.5}$）的含量相关，而$PM_{2.5}$的成分非常复杂，对人的呼吸系统乃至循环系统、免疫系统都可能有损害作用。所以，如果气象部门观测到霾的存在变

火灾爆炸事故。在造成惨重人员伤亡和财产损失的同时，这起爆炸事故也引起了周边区域公众的恐慌。

汽车特别是私家车的快速增长，在消耗大量石油资源的同时，也成为大气污染的源头之一。在中国，人均拥有汽车数量其实不如日本，但道路交通拥堵却比日本更为严重。以柴油或汽油为动力的汽车，在行驶过程中都会排出大量有害的废

○公路上拥堵的汽车

延伸阅读

天津港火灾爆炸事故

2015年8月12日23时30分左右，位于天津市滨海新区天津港的瑞海公司危险品仓库发生火灾爆炸事故，造成165人遇难（大部分为消防人员），并导致了极为严重的财产损失。处于事发地附近的大量商品汽车和集装箱被焚毁，多栋住宅楼不再适合居住；天津地铁9号线（津滨轻轨）终点站及控制室也被炸毁，令这条线路停运达4个月之久。

经国务院调查组认定，天津港"8·12"瑞海公司危险品仓库火灾爆炸事故，是一起特别重大生产安全责任事故。当晚仓库发生火灾爆炸的直接原因，是瑞海公司危险品仓库运抵区南侧集装箱内的硝化棉，由于湿润剂散失出现局部干燥，在夏季高温等因素的作用下加速分解放热，积热自燃，引起相邻集装箱内的硝化棉和其他危险化学品长时间大面积燃烧，最终导致堆放于运抵区的硝酸铵等危险化学品发生爆炸。这起事故，也暴露出了中国在危险化学品管理和消防指挥方面的一系列问题。

得非常严重，就会视情况发布不同等级的霾预警信号。

环境监测技术是环境管理的基础。对于污染防治工作，比如与每个人密切相关的大气污染防治来说，环境监测数据的采集，就如同我们生病就医时进行的医学检查。对于现代医学来说，医生仅用问诊和目视判断、个人经验等手段来进行诊疗，显然是不够的；只有通过一些现代设备进行医学检查，才能对患者做出更精确的诊断，并且更有针对性地医治。想要"医治"受到污染的环境，显然也需要环境监测设备采集的数据作为基石。

○透过红外夜视仪看到的景象

电磁波助力环境监测

为了监测环境污染的情况并及时采取措施，人们需要开发环境监测技术。

根据波长、频率以及波源的不同，物理学界将电磁波大致划分为无线电波（波长最长）、微波、红外线、可见光、紫外线、X射线和伽马射线（波长最短）。服务于环境监测的电磁波谱，通常是从红外线到紫外线这一段。在这个波段之内，每种污染物都有自己的光谱特征。这种特征如同人类的指纹，可以被监测设备探测到。

根据监测设备对污染物的探测结果，配合朗博-比尔定律，人们就可以方便地判断出污染物的种类和浓度。

除了光化学方法，激光技术也可以用来探测污染物。在激光器发展成熟之后，激光雷达成为监测大气污染的一项重要技术。激光雷达的工作原理，是通过不同颜色（即波长不同）的脉冲激光，探测高空中细颗粒物的性质。我们已经精确知晓光的传播速度和射出激光的波长，根据激光的散射情况，就可以判断出高空中细颗粒物的分布特征，进而推断它们的性质。

对红外线光谱变化的分析，则有助于发现挥发性有机物的踪迹。一些动物的眼睛可以比人眼看到更广的光谱，因此它们能通过看到或感受到红外线来发现猎物；人类借助红外夜视仪的帮助，也可以看到生物和机械发出的红外线，使军队获得夜战的优势。而在环境监测领域，人们也可以通过探测挥发性有机物的红外线光谱的方式，间接发现这些物质的存在。

对于发现化工企业夜间偷排的行

为，这样的设备就非常有帮助。由于使用污染处理设备会加大生产成本，一些化工企业会选择在夜深人静之时偷排挥发性有机污染物，利用夜色掩护违规行为，以为这样就可以逃避环保部门的监管。这种策略在以往或许是有效的，但如果在化工园区里安装以红外线探测挥发性有机物的设备，就可以及时发现偷排，并且判断出发生偷排的时间。

如今，利用电磁波监测污染物的设备，已经随着技术的发展而走向小型化。监测人员可以用车载监测设备，对可能排放污染物的化工园区进行流动监控，通过随机抽检的方式，让"有备而来"的排污行为无所遁形。

城市抵御污染筑防线

通过电磁波监测污染物的技术，不仅能够发现工业区里的污染物排放情况，而且还有其他一些对城市环境保护颇具价值的应用。比如说，帮助人们找出那些污染物排放过大的交通工具，就有赖于这种技术的帮助。

传统的尾气排放检测方法，其实有

相当大的作弊空间，使一些原本尾气排放不合格的车辆可以蒙混过关。但如果引入由自动设备组成的遥测系统，就可以及时发现排放超标的车辆。布设在路边的遥测设备，可以在车辆开过之后的短暂时间里，迅速测定出尾气中一氧化碳、二氧化碳、氮氧化物等物质的含量；同时，这套设备可以结合车速和加速度等数据，反推出发动机的工作状态，最终判断车辆的尾气排放是否超标。

尾气是危害人们健康的"慢性杀手"。而在现代城市的物资供应体系中，有一些难以避免的化学物质，有可能带来

○汽车尾气危害大

○空气质量和天气监测设备

致命的威胁，常常混杂在液化石油气里的硫化氢就是其中之一。很显然，如果运输管道存在缺陷导致硫化氢泄漏，而附近又恰好有人口密集的居民点，那么后果将不堪设想。为此，人们开发了监测输气管道是否有硫化氢泄漏的监控设备，通过脉冲激光或是红外线等途径，及时发现泄漏的迹象，以便采取紧急措施。

环境监测与大数据技术的合流，在有些时候能够帮助我们发现环境污染的真相。比如说，我们发现了一个以往被忽视的污染源，那就是京郊农村的民居、公共建筑和农业大棚燃烧散煤取暖的行为。大

部分燃烧散煤的暖炉都非常落后，导致了可观的污染物排放。于是，针对这种污染源，一些环保领域的工程技术人员开发了新式的煤炉，致力于大幅降低燃烧散煤产生的污染物排放。

如今，监测大气污染的设备，正在向着多平台联动的方向发展，也就是在气象研究飞机、探空气球乃至人造卫星等载具上安装这样的设备，为监测提供三维化的视角。这将有助于我们发现在地面上不易看到的污染源，以及污染物迁移变化的规律，也让治理污染的工作更加有的放矢。

END

Q 在环境监测数据的基础上，我们如何治理环境污染？

刘文清：治理环境污染的第一步是监测。治理环境污染如同给地球"看病"，首先要检查出问题，而后才是设计治理的方案。比如说，一些高污染、高排放的企业，或者其他一些排放量比较大的污染源，就应该搬到环境容量比较大的地方，不能在人口密集的地方进行这方面的生产。比如说，在甘肃省的兰州市，中石化、中石油的工厂曾经坐落在兰州市区，工厂排放的污染物严重污染了城市的空气，使能见度变得很差。现在，这些工厂搬到了离城市70千米的地方，就解决了石油化工对城市空气的污染。另外，提升燃油的品质，优化火力发电厂的机组并淘汰落后的火力发电设备，也都是降低污染物排放的可行策略。

Q 中国著名科幻作家刘慈欣写过一篇科幻小说《中国太阳》。小说里的"中国太阳"，是一座能够向地球表面反射阳光的巨型空间站。这样的装置能够用来治理环境污染吗？

刘文清：我并没有读过这篇小说，因此并不了解你所说的"中国太阳"的细节设定。不过，对太阳能的利用，是新能源研究中一个值得关注的热门领域。此外，另一种常常被誉为"人造太阳"的新能源，是未来有可能实现的可控核聚变。目前，世界上所有的核电站都是基于核裂变原理工作的，也就是用中子击打铀-235的原子核，或者钚-239的原子核，使其产生裂变并释放出能量；而核聚变是让氢的同位素（氘和氚）的原子核发生聚合作用，生成氦-4并放出中子和能量，这与太阳产生光和热的机制相同，故而可控核聚变装置被称为"人造太阳"。但由于核聚变发生的条件非常苛刻，因此时至今日，可控核聚变仍然未能达到实用化的程度。不过，只要人类实现可控核聚变，就可以真正实现无限制的能源供应，取代今天占主流地位的各种化石燃料，而且不产生任何环境污染。因此，可控核聚变是新能源特别是核能领域最令人憧憬的技术。

科幻小说《中国太阳》

《中国太阳》是中国当代科幻领军人物刘慈欣的短篇代表作。这篇小说的背景，设定在航天工程走向产业化的近未来时代，展现一群普通人在这个开发太空的大时代里，通过知识和奋斗改变命运的故事。

小说主要内容如下：

进城打工的贫苦少年水娃，偶遇从大学离职创业的庄宇教授。庄宇是研究太阳能利用和新材料技术的专家，他曾经发明过一种新材料，但被商界认为是无用之物，创业接连碰壁。此时，中国决策建设名为"中国太阳"的超级空间站，希望通过向指定地点反射阳光的方法，改善西部地区的生态环境。庄宇的发明恰好成为建造"中国太阳"的最佳材料，他也因此进入了中国航天系统的决策层。

但由于太阳风会影响"中国太阳"的表面，降低反射率，并可能对空间站的轨道带来微小的改变，因此"中国太阳"需要上百名工人随时进行"清洁"和维护。为降低运行成本，庄宇找到了担任摩天楼外墙清洁工的水娃和他的同事们，并对这些农民工进行必要的航天训练之后，将他们派往太空负责维护"中国太阳"。水娃和同伴们成为第一批太空产业工人，也揭开了航天产业化的序幕。

20年之后，"中国太阳"因为技术过时宣告退役。在水娃的大力争取下，它被加装上冬眠系统，成为人类第一艘恒星际飞船，带着水娃和一组志愿者飞离太阳系，为人类探索更遥远的宇宙。

Q 有一些互联网上流传的说法认为，想要让北京城在冬天拥有好天气，就只能靠风来帮忙。事实真是如此吗？我们是否能用一些政策或技术手段减少雾霾？

刘文清：强风可以吹散雾霾，但治理污染显然不能"靠天吃饭"。现代科学告诉我们，困扰北京市的雾霾有一些明确的成因，比如机动车尾气排放、工业污染，以及相当多（没有集中供暖的）单位和居民会使用散煤来取暖。因此，想要有效减少北京城的雾霾，不仅需要在雾霾到来时严格执行限行政策，减少出行；而且需要北京市和周边省份的协同治理，比如根据风向来调整企业的生产节律，避免过多的污染物随风吹向北京市区。对于市郊和乡村地区大量使用散煤的情况，我们也正在寻找可以替代的能源方案。

刘文清：
搞科研总是先苦后甜

Liu Wenqi

提升自我，储备未来

1978年，刘文清从中国科学技术大学物理系毕业，分配到安徽省合肥市西郊董铺岛上的中国科学院安徽光学精密机械研究所（下文简称"安徽光机所"）。在当时，董铺岛远离繁华的市区，岛上生活枯寂又单调，但这恰恰给他提供了潜心科研和学习的宁静环境。

多年以后，爱喝咖啡的刘文清常用咖啡来比喻那段科研生涯之初的时光。他说，搞科研和喝咖啡有点类似，总是先苦后甜，适合能坐得住"冷板凳"的人；不愿忍受"冷板凳"的人，就像不喜欢喝咖啡的人一样，怎么都觉得它是苦的。

在改革开放初期，学习英语刚刚成为一种风潮，刘文清敏锐地看到了学好英语对他事业发展的价值。夏天的董铺岛蚊蝇滋生，为了不让这些小昆虫打扰自己学习《新概念英语》，刘文清购买了一双长靴套住双脚和小腿，躲在蚊帐里背诵一篇篇课文。最终，几册《新概念英语》上所有的课文都被他背得滚瓜烂熟，可是他的双脚却几乎被捂烂。

为了练习英语口语，刘文清需要购买一台录音机。在当时的中国，这是需要数百元的稀罕物，幸而单位提供了分期付款的福利。因此，他每个月50多元的工资，要被扣除10元，而且需要连续扣上3年。尽管如此，他还是咬紧牙买下录音机，最终练成了一口流利的英语。

"不是我要刻意追赶'新潮'，而是（学习国外先进的）科研手段必须跟上。"多年以后，回忆起当年这段"头悬梁锥刺股"般的经历，刘文清如是说。英语的提高，帮助他拿到了出国留学的通行证。1986－1989年，他在意大利米兰工业大学、日本国立公害研究所进修；1993－1995年，他在希腊克里特大学获博士学位；1996－1998年，他又在日本千叶大学环境遥感中心做博士后。在这些国际高等学府和科研机构的学习，让他扩大了视野，也学到了国外先进的科研思路和方法。

◯刘文清院士在给学生做指导

海外学成之后，刘文清回到了已经被命名为"科学岛"的董铺岛，希望将所学知识报效国家。1998年，以刘文清为主任的环境光学监测研究室成立了，他和他的团队，将目光对准了环境光学监测领域。

用光学手段监测污染

1998年，中科院和国家环保总局的领导商谈提出，中科院可在环境光学研究方面提供科技支撑。于是，在1999年，刘文清领导的环境光学监测研究室得到20万元启动经费，研制能够监测二氧化硫（浓度）的空气监测仪。接到任务之后，他决心将这个项目做成真正实用的环境监测设备，而不是一个"向领导交差"或者圈钱的项目。

从这项研究任务开始，刘文清带领他的团队，根据国家对环境监测的需要，成功开发出多种监测仪器，并陆续投入使用。他的团队研发的监测城市环境大气污染的仪器，由国家环保总局推广生产，其产品价格是国外进口产品的50%。美国一家公司看好中国市场，意欲前来推销同类产品，当被告知中国已经自行研发了这样的设备之后，他们感到意外的同时更带有敬佩："这是从哪儿突然杀出的'野马'？"

刘文清最满意的事情，是向纳税人交出圆满的答卷。现在，每当他坐在电视机屏幕前，看到全国各大城市的环境空气质量预报，用的都是他的团队提供技术的产品，就别有一番愉悦在心头。

换位思考促成果转化

在投身科研之前，刘文清有过在工厂工作的经历，这让他深知企业对科研成果的需求。他说："企业最好买只'鸡'回去就能'下蛋'，因此，（科研机构）不能把那些不成熟的科技成果卖给企业，我们要积极寻找成

○工作中的刘文清院士（科研就像喝咖啡"先苦后甜"）

果转化的途径。"

为了更有效地促进研究成果转化，安徽光机所与铜陵三佳电子集团等企业合作，自己以技术入股占股权的12%，共同成立了注册资金为3600万元的铜陵蓝盾光电子有限公司，承担起科技项目的产业化运作。

如今，蓝盾公司已经成为环境光学先进技术带动企业发展的典范。由安徽光机所提供技术，成功研制的空气质量自动监测子站，早年首先在广西壮族自治区的桂林、北海等城市的空气质量自动监测站运行，并通过了中国环境监测总站的验收，填补了国内在这一领域的空白。而后，国家环保部门决策，把空气质量自动监测子站部署到全国2000个城市，刘文清带领安徽光机所审时度势，积极进行策应，使得研制的监测设备全国遍地开花，效力于国家的空气质量日报与预报工作。

尽管已经在环境监测方面取得了不少成就，但刘文清和他的团队丝毫没有松懈斗志。考虑到空气质量有可能走向恶化的事实，刘文清早在"十一五"计划期间（2006-2010年间）就带领安徽光机所的研究人员，开展雾霾监测相关仪器的研发，并使之纳入到国家环境监测设备的规划之中。从2014年开始，许多地方环保部门采购的细粒子监测设备，便是基于安徽光机所早期研发的成果，通过技术转移和转化由企业生产的先进设备。在中国城市迎战"霾伏"的战役中，刘文清和他的团队正以独特的方式，贡献着自己的力量。

不畏浮云遮望眼
三千越甲可吞吴

            陈玉泉

        2016.10.13

陈立泉，物理学家，中国工程院院士，现任中国科学院物理所研究员。他在中国率先开展锂电池及相关材料研究，在国内首先研制成功锂离子电池，并解决了锂离子电池规模化生产的科学技术与工程问题，实现了锂离子电池的产业化。近年来，开展了全固态锂电池、锂硫电池、锂空气电池、室温钠离子电池和固体氧化物燃料电池中的物理化学过程及相关材料的设计、合成、表征、物理和电化学性能及其应用研究，为开发下一代动力电池和储能电池奠定了基础。

陈立泉院士：

纯电动汽车，环境友好的选择

摘要 目前，世界上的大部分汽车都以石油中提炼的汽油或柴油提供动力。随着地球上的石油资源逐渐枯竭，人类迫切需要为公路交通寻找新的能源。曾经因为石油工业勃兴而衰落的纯电动汽车，在21世纪迎来了新的发展机遇。对于减排压力巨大、石油资源也非常有限的中国来说，大力发展纯电动汽车，并将纯电动汽车作为能源储备的节点，将有助于降低电网负荷，同时保障国家的能源安全。

当代中国呼唤纯电动车

从工业革命直到今天，人类消耗了大量的化石燃料，也就是煤、石油和天然气。在交通领域，汽车的发明改变了人们出行的方式，也在100多年的时间里，消耗了极为可观的石油。但在今天，我们已经清晰地意识到，所有的化石燃料都是不可再生的。它们是地球在上千万乃至上亿年里的积累，却被人类在200多年的时间里消耗殆尽。地质学研究表明，地球上的石油可能会在40多年后开采殆尽，天然气可能还能维持60多年，煤则会更长一些，但距离彻底枯竭也并不太遥远。

在中国，化石燃料资源的分布还使能源安全面临另一重挑战。中国的煤炭储量相对丰富，天然气也有一些储量可供开采，但石油比较匮乏，大部分需要

○ 中国原油期货石油进口码头

进口。2015年，中国的石油消费量是5.43亿吨，但全国的石油年产量不到2亿吨，这意味超过半数的石油需求需要依靠进口来满足。在2015年里，中国进口了3.34亿吨石油，对外依存度已经达到了60.6%，这其实是相当危险的。

中国从中东地区进口石油，需要经过马六甲海峡。如果未来南海爆发军事冲突，马六甲海峡的交通被阻断，那么中国的石油供给就会发生问题。因此，我们设计了多种方案来未雨绸缪。比如修建从缅甸、巴基斯坦等友好邻国通向中国境内的输油管线，让油轮在通过马六甲海峡之前卸货，将石油以联运形式运来；另一种方案是修建中俄输油管线，从俄罗斯进口石油。尽管如此，这些备份途径的运输量，仍然难以完全满足中国巨量的汽车对石油的需求。因此，发展纯电动汽车，以减少交通领域对石油的依赖，是势在必行的举措。毕竟，我们有多种渠道可以生产电能，不必仅仅依赖石油。

另一方面，中国面临的减排压力，

○ 石油危机

○ 在中国的大城市里，追求大排量汽车已经成为一种不良的生活方式（摄影/马之恒）

开始导致巨大的经济损失。因此，2015年年底，在法国巴黎举行的气候变化大会上，与会各国通过了旨在控制温室气体排放的《巴黎协定》，对2020年后全球应对气候变化的行动做出安排，主要的工作之一就是减少二氧化碳的排放量。目前，中国的二氧化碳排放量已经超过了美国，居于世界第一，而中国已经承诺在2030年左右使二氧化碳的排放量达到峰值，不再增长并开始下降。如此巨大的减排压力，意味着中国需要减少汽车燃油导致的碳排放。

也可以通过纯电动汽车来缓解。目前，全球变暖已经是全人类都要面对的环境危机，因为全球变暖带来的气候反常，已经

对于中国的汽车工业来说，发展纯电动汽车也是一种"弯道超车"的举措。

○ 随着纯电动汽车技术的进步，纯电动公交车如今已经行驶在北京的大街小巷（摄影/马之恒）

在改革开放初期，中国曾经试图通过合资合作的形式，对汽车产业进行升级，淘汰一些已经落后的车型。数十年后的今天，在中国出售的大部分轿车都已经是合资品牌，纯粹的"国产车"则凤毛麟角，但我们并未完全掌握发达国家汽车工业的核心技术。但如果中国能在电动车研发领域发力，走出一条自己的发展道路，就有可能让汽车工业在未来占得先机。

新能源技术奉上"神助攻"

纯电动汽车的历史远比大多数人认为的更长久。但与100多年前相比，今天的纯电动汽车产业拥有两方面的巨大优势，其一是发电方式的多样化，其二是电池技术的大幅进步。

现代社会对电能的需求很大，但这些需求在一天当中并不是平均分布的，而是有高潮和低潮。电能需求在一天之内的波动，成为"峰谷分时电价"思想的基础。传统的火力发电厂在启动之后很难轻易停下来，而发出的电如果不用也不储存就会被浪费。因此，在传统的用电低谷时段，电价会被大幅削减，以鼓励人们尽可能在低谷时段用电，以减少电能浪费，

也分担电网在用电高峰期的负担。

在中国，大部分电能由燃煤发电厂提供。2015年的一项统计表明，在用电的低谷时段，那些原本被浪费的电能，可以为大约4000万辆纯电动汽车供电。一般来说，每一辆传统的燃油汽车，每年会消耗2吨左右的石油；4000万辆纯电动汽车得到充足的电能供应，就意味着8000万吨石油会被节约下来，用在更有价值的领域。

一些不便进入国家电网的新能源发电手段，比如以太阳能和风能发电的设施，也可以为纯电动汽车提供能源。太阳能和风能受天气的影响很大，这意味着它们在一天当中的电能产出是不稳定的。突然产生的电能很容易对电网造成冲击，因此必须通过蓄电池组加以调蓄，方才能对

○电动汽车从充电站补充新型能源转换的电能

○北京市昌平区的十三陵水库

小范围内的用电者提供基本稳定的电能供应。如果让这部分电能全部服务于纯电动汽车，以2015年上半年的数据来计算，可以为460万辆纯电动汽车提供能源。按照中国目前的规划，到2020年，全国的纯电动车将达到500万辆。这就是说，我们仅仅用风能和太阳能发电，就可以满足它们对电能的需求。

　　数量巨大的纯电动汽车，也第一次为人类社会提供了将多余电能储存起来的可能性。从19世纪的电气革命直到近代，想要大规模储存电能都是很难的。一种相对简单的解决方案是抽水蓄能电站，也就是选一座山，在山顶和山脚下分别修建水库。每逢用电低谷时段，就用廉价的电能将山脚下的水抽到山顶，到用电高峰期再放水发电。中国最著名的抽水蓄能电站，就是北京市昌平区的十三陵水库。为了实现蓄能节电的效果，人们付出巨大的代价改造了莽山，用7年时间方才建成位于山顶的小水库。

　　很显然，抽水蓄能电站不仅建造成本高昂，还受地理条件的限制，而且储存效率仅为70%~76%。即我们用100千瓦时的电能去抽水，等到放水发电时，就只有70~76千瓦时的电能可以"收回来"，浪费不小。为了进一步减少浪费，我们需要更为高效的电能储存方式。

　　纯电动汽车的蓄电池部分，是将电能与化学能相互转化的装置。虽然每一个蓄电池的容量相对于整个电网来说并不大，但纯电动汽车庞大的基数，决定了这是一个可观的储存"空间"。纯电动汽车本身，或者它的"备用电池"，完全可以在用电低谷时段充电，在用电高峰时段既可以使用，又可以人为放电，为电能供应紧张的电网补充能源。

　　在美国，著名的科技企业特斯拉公司，就为人们提供了经营这种电能"期货"生意的可能性。根据规格不同，特斯拉的储能电池可以储存7千瓦时或10千瓦时的电能。人们可以在用电低谷时段为它充电，在用电高峰时段使用，或者将储存的电能卖给电网，以赚取经济利益。由于

○电动汽车的蓄电池

纯电动汽车百年沉浮

纯电动汽车并非21世纪的新生事物。在汽车时代的早期,它曾经也占有一席之地,与燃油汽车、酒精燃料汽车、蒸汽汽车等并驾齐驱。早在1881年,也就是卡尔·本茨发明第一辆汽车4年之前,世界上就出现了第一辆纯电动汽车。只不过,它的速度和续航里程都相当可怜,根本无法和当时流行的马车竞争。

19世纪末,纯电动汽车在美国迎来了黄金时代。纯电动汽车因没有震动、废气和巨大的噪声,在性能上"碾压"同时代的其他汽车。当时只有城市里才拥有良好路面,绝大部分汽车只服务于上下班通勤一类的事务,因此它续航里程短的问题,没有成为阻碍其发展的原因。随着美国供电网络的延展,更多城市得到了稳定的电能供应,也为人们在家里给纯电动汽车充电提供了可能。到1912年,美国至少有3.4万辆纯电动汽车运行。

但1920年后,美国道路上再也看不到电动汽车了,使用汽油驱动的汽车逐渐垄断了市场。这是因为,美国在得克萨斯州发现了石油,使汽油价格大幅降低。燃油汽车的使用成本明显下降,它们便于补充燃料和续航里程较长的优势也凸显出来。随着内燃机和传动等技术的改善,燃油汽车开始独步天下。

在20世纪后半叶,因中东地区军事冲突带来的石油价格上涨,纯电动汽车有过几次短暂复兴。但没有本质性突破的电池技术,成为制约纯电动汽车性能提升的短板。随着局势平息,石油价格走弱,纯电动汽车的发展也渐入低潮。直到21世纪,全球变暖、能源危机和锂离子电池技术的进步,方才促成了纯电动汽车的复兴潮流。

没有机械部件,这套系统的电能储存效率可以达到90%左右,从而让更多电能被节约下来。根据同样的原理,纯电动汽车的电池也可以如此而为。

电池技术决定产业"生命"

纯电动汽车能够在21世纪大展宏图,很大程度上正是得益于蓄电池技术的进步。也就是说,我们拥有了能够大量储存电能的蓄电池,而且它们能够以稳定的功率长时间输出电能。

今天,锂离子电池是纯电动汽车能源储存设备的主流之选。锂离子电池具有高能量密度(体积更小)、高电压、污染低、循环寿命高、几乎无记忆效应以及能

够快速充电等优点,因此被广泛应用在很多领域,比如个人电子设备、医疗器械、小型电动工具,以及纯电动汽车。

纯电动汽车使用的是多个锂离子电池构成的电池组。人们致力于改进锂离子电池的性能,使一定体积的电池可以储存更多的电能,从而让纯电动汽车可以在一次充电之后,行驶更远的距离。可以说,电池的性能决定了纯电动汽车的"市场生命力",或者说受欢迎的程度。

除了对锂离子电池进行改进,我们是否也有其他可能的技术路径?有人认为,氢氧燃料电池将会取代锂离子电池,成为纯电动汽车电池"进化的终极",比如说,以太阳能分解水来制取氢气,就是一些研究者努力的方向。

END

观众问答

Q 纯电动汽车的确可以不用油料，但中国的电能大部分来自于煤炭。既然如此，为什么纯电动汽车仍然对减少碳排放有所助益？

陈立泉： 我们需要把纯电动汽车作为一种移动储能装置来考虑。它们需要的电能，应该取自用电低谷时段，也就是说，我们需要设计一种机制，让纯电动汽车尽可能只利用传统上被浪费的那一部分电能；在用电高峰时段，它们不会充电，甚至可以向电网中回输电能。

今天，中国各个城市的纯电动汽车充电站（桩），是随时提供服务的，即使在用电高峰时段，人们仍然可以充电。这显然会增加二氧化碳的排放量，因为想要满足这部分额外的电能需求，意味着我们需要建造更多的燃煤发电站。让纯电动汽车尽可能只在用电低谷时段充电，或者只有连入风能、太阳能发电设施的时候，才可以不分时段充电，是必须引起足够重视的问题。

○ 北京市街头已经出现了为纯电动汽车充电的充电站（摄影/马之恒）

延伸阅读

充电接口标准的难题

世界上绝大多数传统燃油汽车的油箱口，其尺寸大体都是一致的。这使全世界的加油站可以使用口径大体相同的油枪，而且在行驶规则相同的国家之间，汽车可以方便地买卖和使用。

但纯电动汽车的充电接口，在世界范围内却有着不同的标准，虽然不像家用电器插头那样纷繁芜杂，却也足以形成隔阂。比如说，中国用户驾驶从日本或者美国原装进口的纯电动汽车，很可能会因为找不到接口合适的充电站，遭遇行驶途中不得不绕路的尴尬。

不同于油枪只需插入油箱口即可加油的特性，纯电动汽车的充电，需要插头与插座精确严密的物理连接。为纯电动汽车设计全球统一的充电标准，或者至少提供可以适应多种标准而且保证安全的转换设备，将会是纯电动汽车推广过程中必须要面对的问题。

陈立泉：电动汽车适宜的工作温度，一定程度上取决于它的电池。一般来说，冬天到来的时候，纯电动汽车的电池最低可以在−20℃的环境中工作，只不过需要一小段预热时间，让电池放电产生的热量来加热它，到−10℃或以上就可以很好地工作。中国绝大部分领土在绝大部分时间里的气温都会高于−20℃，因此除非极端特殊的用车需求，纯电动汽车可以抵御低温的挑战。但在过于炎热的环境里，电池可能会遇到一些问题，这是需要驾驶者特别留意的。

○电动汽车充电站

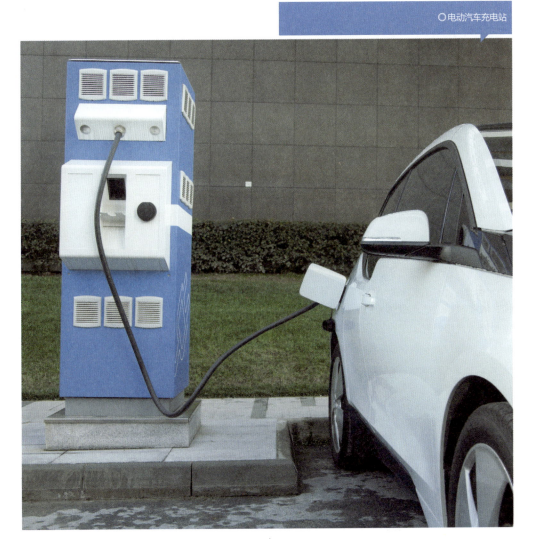

陈立泉：
让中国电动汽车驶向未来

做第一个"吃螃蟹"的人

  1964年，陈立泉毕业于中国科学技术大学技术物理系。同年被分配到中国科学院物理研究所从事晶体材料研究工作。在十年"文革"动乱局面结束后的1976年12月底，他被中科院派遣到西德的马普协会固体所进修。在那里，他第一次接触到了一种名为氮化锂的超离子导体材料。此时的他敏感地认识到，氮化锂是制造锂离子电池的重要原料，而锂离子电池尽管当时尚处于概念阶段，但它的技术在未来的完善，将对中国乃至世界产生重大影响。

  于是，陈立泉果断向国内领导递交申请，改变了原定的对晶体生长的研究，转行去做超离子导体研究。在得到领导和导师的批准

○正在充电的电动汽车

之后，改变研究领域的陈立泉从此与锂离子电池结下了大半生的不解之缘，成为中国在这一领域第一个"吃螃蟹"的人。

  1978年学成回国后，在中国科学院和物理所领导的大力支持下，陈立泉成立了固体离子学实验室，从而继续着与锂离子电池有关的固体离子学，以及它在能源中应用的基础研究工作。正是这些基础研究，为中国目前成为锂离子电池产业大国做了知识储备、技术储备和人才储备，为中国将来能成为电动汽车产业大国铺平了道路。

  在努力进行理论研究并推广锂离子电池产业链的同时，陈立泉又分别在1985年、1990年和1992年去往法国科研中心波尔多固体化学研究所、荷兰代尔夫特理工大学和日本东京工业大学担任过客座教授，大大促进了中国锂离子电池材料研究同西方国家在专业技术上的交流与合作。

胸怀电动汽车大国梦

  在陈立泉看来，锂离子电池技术的进步，意味着纯电动汽车会更为实用，拥有更强的竞争力；而他的心中，一直有一个把中国建成电动汽车大国的梦。

○陈立泉与同事参观泰汽集团

在走上锂离子电池研究这条道路之后，陈立泉对他的研究成果最可能应用的领域——纯电动汽车，投以极大的关注。他考证了中国研发纯电动汽车的历史，发现最早的纯电动汽车可以追溯到抗日战争时期。而后，在"大跃进"和"文化大革命"时期，国内也都有纯电动汽车问世。他认为，从这些特定历史时期的科研案例可以看出，虽然它们因为技术局限性而未能走向实用，但也说明中国电动汽车有着得天独厚的开发历史和良好传统，今天的科研工作者应该把这些传统传承下去。

2006年，中国工程院启动了《中国石油需求的远景展望与替代战略研究》，陈立泉是电动力替代燃料专题组组长。在咨询报告中，陈立泉指出："中国的混合动力车在技术上和经济上不具备与日美竞争的优势，只有全新的锂离子电池电动车，才是中国在激烈的国际竞争中难得的一次历史机遇。因此，中国应充分发挥自身的技术、资源和市场优势，在5-10年内实现锂离子电池电动车的产业化，使之成为中国经济新的增长点，这样不仅可以解决中国建设全面小康社会面临的能源安全问题，而且可以实现中国汽车工业乃至城市交通行业的跨越式发展，同时还能获得节能和环保的双重效益"。

为此，陈立泉提出了自己的"电动汽车大国梦"，那就是到2050年的时候，中国所有公路上行驶的汽车全部改为电动汽车。而从中国的实际情况来看，他的这一构想并非空想。中国的锂资源和稀土资源比较丰富，这意味着电池和电机的材料来源无忧；中国对纯电动汽车的研究，与西方处于同一起跑线上；此外，中国人对汽车的需求，主要是出行代步工具，对车辆尺寸和续航相对要求不高，这是非常有利于电动汽车发展的市场环境。因此，发展纯电动汽车，将是中国汽车工业"弯道超车"的良机。

关注锂电池的发展趋势

带着心中的电动汽车大国梦，陈立泉始终关注着锂离子电池领域发展的最新趋势，特别是全固态锂离子电池赶超时下流行的液态锂离子电池的进程。2014年，他在研判国内外技术资料的基础上发现，锂离子电池的市场需求正快速扩张，技术发展日新月异，世界锂离子电池技术格局已见雏形。美国寄希望于锂硫、锂空气等下一代高比能量二次锂电池，同时希望在硅基负极和层状多元过渡金属氧化物材料领域取得突破。而日本、韩国的锂离子电池产业，由于技术领先、知识产权积累深厚，在保持优势的同时在不断开拓创新。

相比之下，中国锂离子电池产业虽然经过十多年的发展，目前已经形成了完整产业链，但在高端电池、自主装备及对下一代电池技术的把控上，尚与发达国家存在一定差距。在国家大力发展新能源汽车产业、动力电池快速放量之际，中国锂离子电池企业如何行动，关乎生死。

在这些分析的基础上，陈立泉给出了对中国锂离子电池产业的建议。他认为，锂电池企业应尽快与研究单位和原材料企业合作，解决应用新的电池材料及电池体系的科学技术和工程问题，在短期内生产出高能量密度的合格电池产品。同时，还要打破对国外装备和技术的迷信，要加强对国内设备制造公司的支持力度，增加中国锂电池产品的国际竞争力。只有这样，中国的锂离子电池产业才能紧跟国际发展潮流，并在未来不会受制于人。

本章结束语

　　从生态学的飞速发展，到新能源技术的进步，人类正在运用现代工程科学技术，试图弥补过去几个世纪里过度开发带给这颗星球的创伤。越来越多的国家已经意识到，放任环境恶化和资源枯竭，意味着全人类的灾难。从开发新一代核反应堆和其他环保的新型能源，到运用现代环境光学技术监控污染物的排放，不同领域专家的共同努力，正在为我们居住的星球储备未来。寻找人与自然的平衡之道，会是21世纪的人类社会共同的追求。

○ 人与自然的平衡是我们共同的追求

- 通过对外观的巧妙设计，我们可以让建筑成为表达态度的语言。
- 将智能设备"物物相连"的构想，正在展现出广阔的前景。
- 新一代的"街景地图"，将通过高精度的测绘手段来实现。
- 不断进步的航空交通管制系统，在繁忙的机场保障运营安全。
- 化学对新材料的开发与应用，正在不断改变人类的生活。
- 从最原始的技术到21世纪的超高清电视，奥运与电视结下了不解之缘。
- 从科技史上诸多创新故事当中，我们可以发现创新的基石。

第三章

启迪创新，造福民生

何镜堂，建筑学家，中国工程院院士，现任华南理工大学建筑学院名誉院长，建筑设计研究院院长，教授、博士生导师、总建筑师。他长期从事建筑设计、教学和研究工作，创立"两观三性"建筑论，坚持中国特色创作道路和产、学、研三结合发展模式，主持设计了一大批在国内外有较大影响的作品。他尤擅长文化、博览建筑和校园规划设计，主持设计了2010年上海世博会中国馆、侵华日军南京大屠杀遇难同胞纪念馆（扩建工程）、映秀震中纪念馆、钱学森图书馆、侵华日军731部队罪证纪念馆、天津博物馆、澳门大学横琴校区等一批精品工程。

何镜堂院士：

塑造公共建筑的"灵魂"

摘要 改革开放以来，全国各地新建、翻建、扩建了大量的公共建筑物。得益于建筑施工水平和新材料技术的进步，设计师得以为公共建筑物设计独特的外观，并以此传递出人们对某一事件的态度。在确保建筑质量、使用体验和环境和谐的基础上，我们还为公共建筑物塑造了各自的"灵魂"。

记录国耻警醒后人

如果一座大城市没有值得称道的地标，那么它的乏味将是难以想象的。在中国，无论是历经上千年甚至数千年历史的古城，还是新中国成立乃至改革开放之后方才崛起的新城，往往都有一些令人印象深刻的地标建筑物，以至于我们提到它或它们，就等于提到了这座城市。

地标建筑物往往是体量巨大的公共建筑物。它们能够成为地标，很大程度上在于它们向城市居民和外来者传递出了城市文化的内核，表达出某种独特的精神。最近几十年里，得益于建筑施工水平和新材料技术的进步，设计师得以为公共建筑物设计独特的外观，并以此传递出人们对某一事件的态度。

这样的建筑学表现手法，被广泛应用在一些爱国主义教育博物馆的设计当中。为这些战争或相关历史事件建造的博物馆，也往往需要表达出对国耻和先烈的厚重感情，并传递出警醒后人的信号。

广东省东莞市的威远炮台旧址，是中英鸦片战争时期的古战场。如今，在虎门镇的威远岛上，人们在威远炮台旁边建造了虎门海战博物馆，展示中国人民抵御外侮的经过，以及中国半殖民地半封建社会的开端。

为了表现鸦片战争发生于沿海地带这一历史事实，虎门海战博物馆的空间序列从海上就已经开始，逐渐层层展开。博物馆的建筑群坐落在2万多平方米的大水面上，这是利用原有地形中海滩低洼部分经整理而成的，在节约土方

○ 虎门海战博物馆
（来源/华南理工大学建筑设计研究院何镜堂工作室）

的同时又达到了建筑设计的构思。大水面与用地正对的珠江口零汀洋海面互相交融，切中了"海战"的主题。主展馆平面布局以广东省特有的木棉花作为意象，既突出地域特色，又因为木棉花在粤地文化中被誉为"英雄花"，使博物馆增添了缅怀先烈的意义。

○ 侵华日军南京大屠杀遇难同胞纪念馆扩建工程
（来源/华南理工大学建筑设计研究院何镜堂工作室）

20世纪30–40年代的中国抗日战争，是第二次世界大战和世界反法西斯战争的重要组成部分。而发生在1937年冬天的南京大屠杀，无疑是抗日战争中极具悲剧性的事件。1937年12月13日，日军攻克当时的中国首都南京之后，进行了极为残暴的屠城行动，使超过30万名中国战俘和平民遇难。20世纪80年代，南京市建立了侵华日军南京大屠杀遇难同胞纪念馆（下文简称"南京大屠杀纪念馆"），并于1985年8月15日竣工开放，以纪念抗日战争胜利40周年。而后，这家纪念馆又进行了一系列扩建工程，最终形成今天的样貌。

如果从空中俯视南京大屠杀纪念馆，我们可以感受到中国人民对这场惨

案在愤慨之余的深沉感情。扩建完成的纪念馆，外观是一个不规则的三角形，而且通过斜形设计带给参观者强烈的不适感，使人们的心情变得沉重，更有可能融入当年的苦难情境。展馆的外观既像一艘船，又像一把折断的军刀，隐喻人们对未来长久和平和人类保持人性的祈愿，也象征邪恶的日本侵略者最终失败，被送上了历史的审判席。展馆外面看起来像是断裂痕迹的部分，象征南京大屠杀带给中国人民的惨痛记忆不会磨灭；而这个区域又是纪念馆史料馆的位置，存放着南京大屠杀遇难者们的档案。这种让阳光照在遇难者档案上的设计，既象征着今天的人们对这些逝去生命的崇敬，又极好地表现出"民族伤痕"的主题。

中国的另一座关于抗日战争的著名展馆，是位于黑龙江省哈尔滨的"侵华日军七三一部队罪证陈列馆新馆"。陈列馆以揭露侵华日军罪行的"黑盒"作

○侵华日军731部队罪证陈列馆
（来源/华南理工大学建筑设计研究院何镜堂工作室）

为设计原点，象征了记载真相的容器，暗喻了打开"黑盒"，让历史的真相大白于天下。"黑盒"在场地中坍塌、下陷、撕裂，仿佛大地被锋利的手术刀切割开来，形成永不磨灭的"残痕"。建筑作为一个客观的容器，包含了人们对事件的认知和解读，以充满感染力的语言告诫着世人："尊重生命，远离战争，珍爱和平。"

延伸阅读

"打开盒子"揭露恶行

在日本军国主义占据中国东北期间，日军731部队以"关东军防疫给水部"的名义，在哈尔滨市南郊进行着生物武器方面的秘密研究。

为了确定生物武器和部分燃烧、爆炸性武器的杀伤效果，以及了解低温、真空等极端环境对人体的伤害，731部队在大批中国、朝鲜平民和中国、苏联战俘身上进行活体实验，犯下了极为严重的反人类罪行。

1945年日本战败前夕，731部队指挥官石井四郎下令炸毁营地建筑；战后，他又以研究成果换取美国对731部队全员的庇护，妄图掩盖其战争罪行。但731部队的恶行最终被揭露出来，其驻地遗址也被中国政府建成"罪证陈列馆"。

此外，其新的展馆建筑物被设计成质朴、幽暗，酷似黑盒子的样貌，而入口位于底部。寓意今天的人需要"打开盒子"，揭露日本侵略者尘封已久的滔天罪行。看似简单的外观，却蕴含着回望民族苦难的深意。

表现民族奋进精神

1949年10月1日，新中国宣告成立。在继续解放战争和剿灭土匪作战的同时，新政府开始对混乱的国家经济进行调整，并逐渐开始了将国家带入现代化、工业化的进程。在向现代科技高峰攀登的过程中，一批从海外学成归国的顶级科学家，发挥了不可磨灭的贡献。著名物理学家、航天专家钱学森就是其中之一。

因此，当钱学森图书馆在上海交通大学（徐汇校区）开建的时候，它的设计风格就引起了全中国科技界的关注。钱学森图书馆实际上是陈列钱学森科研、生活史料的纪念馆，因为其独特的纪念意义，必须要在钱学森100周年诞辰时开幕，设计和建设的时间已经很紧。而且，为了突出纪念的功用，这座建筑物的外墙上还需要安装一幅高达15米的钱学森巨幅浮雕头像。这幅头像的设计与制作，是钱学森图书馆建筑过程中的一大难题。如果以传统浮雕技法雕刻非常写实的头像，那么在深红色的馆墙上就不易看出立体感，显得像是把照片或者喷绘贴上去一样，并不能唤起人们对科学大家的崇敬之情。因此，这幅头像只能用计算机进行设计，通过对光路的分析精心调整细节，营造出人们需要的立体感。在设计完成之后，这一类作品的惯例是首先建造一个等比例缩小的模型，放在建筑物上看看效果，再据此进行调整；但这幅头像的设计和制作非常特殊，如果将模型调整到最优状态再直接放大，很可能会导致细节的变化，影响正品的效果。因此，钱学森图书馆使用的这幅钱学森头像，是在计算机模拟之后，直接制作全尺寸成品并安装到建筑物上的。因事先的精心测算，它的视觉效果极为出色，成为建筑物的点睛之笔。

○钱学森图书馆
（来源/华南理工大学建筑设计研究院何镜堂工作室）

○ 映秀震中纪念馆（位于四川阿坝州汶川县映秀镇渔子溪）
（来源/华南理工大学建筑设计研究院何镜堂工作室）

四川省汶川县的映秀震中纪念馆，则通过另一种令人印象深刻的建筑风格，表达出中华民族面对天灾的不屈。2008年5月12日，四川省汶川县遭遇里氏8.0级的强烈地震，导致了严重的人员伤亡和财产损失。地质学研究表明，这场大地震的震中位于汶川县的映秀镇附近，因此，在灾后重建过程中，人们选择位于213国道边靠近渔子溪村的一块高地，建造了映秀震中纪念馆。

这座展馆面朝东方，寓意俯视整个映秀镇的重生与崛起。它是一座两层的半覆土建筑，没有使用昂贵的材料和过于复杂的构造做法，取而代之的是能显露材料本性的细目模板清水混凝土作为主要外观材料，局部使用了四川当地产的黑砂岩，质朴但象征着坚强和韧性。纪念馆以自然、平和、静谧为基调，以植根于大地的手法，形成与山势相契合的地景式建筑。在它朴实无华的外表之下，收藏了地震过后的凝重，以及重建家园过程中重新萌发的希望。

留住复兴壮美时刻

当时间进入21世纪，中国陆续举办了

奥运会和世博会等国际盛会，它们也为中国留下了一些值得称道的地标建筑，比如"鸟巢"（国家体育场）、"水立方"（国家游泳中心）和"东方之冠"（2010年上海世博会中国馆）。这些为国际盛会建造的大型公共建筑物，有极长的使用寿命，而且拥有美好、深刻的文化寓意，往往成为几代人共同的记忆。

上海世博会中国馆"东方之冠"，如今已经成为和东方明珠电视塔齐名的上海市新地标。在设计这座展馆的时候，我们就知道它需要代表中国的形象，在全世界面前展示大约半年时间，而后还会被永久保存，成为世博会场这个地块的显眼标志。因此，"东方之冠"必须成为一个融合古代中国和现代中国的建筑，表现中国发展蒸蒸日上的盛景，以及拥抱世界的大国胸怀，还要满足世博会的展示功能，可以说难度非常大。

设计团队最终从一种名为"斗拱"的传统建筑构件，以及古代中国人营造城市和建筑物的技法中找到了灵感。传统的中国城市，是严格按照《周礼》等典籍上的礼仪制度来设计的，采用极为严谨的棋盘式布局。而传统的中国建筑物，也都是使用木材并以榫卯结构来衔接构件，搭建起房屋的架构。而在颜色选择方面，很多古代的大型建筑物，比如政府机关、寺庙、园林等，都会大量使用红色以示吉祥。于是，出土文物斗冠的外观、棋盘布局的城市、房屋采用的榫卯结构，以及中国文化中象征吉祥的"中国红"，成为"东方之冠"最基础的设计元素。在确定基本设计元素之后，接下来需要做的就是细节的精雕细琢。比如说，"东方之冠"的红色应该是一种很大气的、很纯正的红色，但它又是难以定义的。我们最初以天安门城楼的色卡为基准，但这种红色很容易在阳光下变色，因此天安门城楼每两年就要重新粉刷，而中国馆的建筑结构决定了它不适合做这样的维护。而后，我们也探讨过用"中华"牌香烟烟盒的红色作为基准，但这种红色用在建筑物上就显得偏紫色，不够美观。我们还想过用中国国旗的红色，但这种红色又过于艳丽，用在建筑物上过于刺激视觉。

在屡屡碰壁之后，设计团队请来了在色彩方面更为专业的艺术家，研究故宫的建筑物为什么显得很和谐。经过仔细比对，我们发现故宫的建筑物实际上用了多种不同色调的红色，而且根据人的视差，在不同高度有所微调，使建筑物的色调达到最佳状态。于是，"东方之冠"也使用了类似的原理，越靠近下方的建筑材料色调越深，使红色随着建筑物高度的升高，发生很温柔的改变，从而让整个建筑物的红色都显得和谐。

在取法传统的同时，"东方之冠"又是高度现代化的。它的建筑面积高达16万平方米，相当于故宫所有建筑物的总和。此外，它使用了很多当时最先进的建筑材料，让来自古代中国、历经时间检验的榫卯结构变得更为坚固；现代化的机械设备，比如中央空调和风机系统，则被中国古代风格的装饰元素精心掩藏起来。在相当于两个半足球场大小的屋顶上，还有一座运用现代生态科技维系运转的花园，在寸土寸金的上海市中心，为周边居民提供了一片珍贵的绿地。融合传统与现代的"东方之冠"，如今已经成为上海市乃至现代中国的象征。

随着中国经济的发展和科技的进步，越来越多的建筑新技术正在被引入国内，从而让外观更加新奇、内部也更加实用的建筑物成为可能。未来，我们生活的城市里，还会出现怎样引人入胜的公共建筑物？让我们拭目以待。

END

○ 2010上海世博会中国馆
（来源/华南理工大学建筑设计研究院何镜堂工作室）

观众问答

Q 在着手为上海世博会设计中国馆的时候，您希望为它赋予怎样的内涵？

何镜堂：中国馆必须要体现中国的文化和中国的精神，同时也要体现时代或者技术的进步，因为世博会是一个展示科技发展成就的平台。具体来说，中国馆必须体现中国文化的特点，辉煌灿烂、博大精深，而未来的中国将会蒸蒸日上，走向富强。从建筑学角度来说，中国馆也体现了中国（传统）建筑最基本的一些特征；取法斗拱层层出挑的结构既是自遮阳的造型又可改善建筑底层通风，是一种节能环保的措施。

Q 作为中国工程院院士，您认为创新精神在建筑设计方面有怎样的应用价值？

何镜堂：人类的进步和发展，创新是驱动力。想要在一个领域有所创新，起始阶段往往是很艰难的，有可能需要首先学习前人已有的经验。但我们始终要记住，在学习模仿到一定程度之后，必须要结合自己的实际情况加以创新。

目前，中国城市建设中常被人诟病的一点，就是"千城一面"的问题。也就是说，城市片面地模仿了西方发达国家的摩天楼群，而忽视了中国文化土壤。中国的建筑设计者可以在第一步学习国外的先进经验，但接下来就要结合国情加以创新。只有这样，才能带来中国建筑学领域的进步。

○中国现代城市

"师法自然"的安东尼·高迪

尽管"仿生学"（Bionics）的概念和这个词本身，直到1960年方才出现；但建筑师模仿自然界的生物进行设计，为建筑物赋予寓意或者更佳使用体验的做法，却有着更为长久的历史。西班牙最伟大的建筑师安东尼奥·高迪，便是致力于模仿生物结构进行建筑物设计，并将其发展为一种理念的关键人物。

1883年，陶瓷制造商马努艾尔·文森邀请高迪设计一栋夏天使用的别墅，并暗示后者这栋房屋应当具有某种广告效应。于是，高迪设计了一座以大量瓷砖进行装饰的、带有阿拉伯风格的住宅，并模仿棕榈树树叶的样子制造铸铁栏杆，以搭配这座名为"文森之家"的建筑，让它显得卓尔不群。

但对于天才的高迪来说，"文森之家"只是牛刀小试。在他全盛时期的诸多作品中，他甚至刻意避免直线。1900年，高迪的挚友和资助人，大富豪欧塞比奥·古埃尔决定在巴塞罗那郊外的一片山地上，建设一个花园城市式的豪华居住区，交由高迪进行设计。由于地处偏远，交通不便和山地过于陡峭等因素，这个名为"古埃尔公园"的房地产项目在1914年被放弃。但它已经建成的一小部分建筑，由于充满高迪独有的奇想，甚至得到了"比周围的自然风光还要自然"的评价。

巴塞罗那市区的巴特罗之家和米拉之家，也鲜明地反映出高迪避免直线的风格。正如他自己所言，"直线属于人类，曲线属于上帝"，因此最为深刻的理念和最为深沉的感情，应该用曲线来表达。米拉之家是高迪设计的最后一栋私宅，由于位于街角，地块面积有限，因此高迪充分运用他在仿生学方面的知识，设计了这座号称"无一处直角"的独特建筑物。它独特的外观，取法于在海水中随波逐流的水母，充满了飘逸的气质；建筑内部则有些像蛇的巢穴。

他设计的巴特罗之家，则是一座"会讲故事"的建筑物。巴塞罗那地处西班牙加泰罗尼亚大区，这里的人相信著名的"圣乔治屠龙"传说，就发生在加泰罗尼亚。巴特罗之家的风格，就围绕这个故事展开。它的阳台采用传说中龙的颚骨形状；屋顶以恐龙骨架和复原图为原型，设计了"龙脊背"的独特屋顶，象征被圣乔治杀死的那条恶龙；布满建筑物表面的彩色瓷片，则仿佛龙或其他海洋动物的鳞片。这些设计元素让其成为与圣家族大教堂齐名的巴塞罗那地标建筑。

○高迪代表作"米拉之家"（摄影/马之恒）

何镜堂：
为建筑塑造"气场"的人

手抄图书见证勤奋精神

1956年，来自广东省东莞市的何镜堂，考入了华南工学院建筑学系。大学时期的他话不多，不爱出风头，与同学相处融洽，像海绵一样吸收着知识。大学一年级，他发现自己的美术功底不够好，就利用暑假在家乡苦练素描和水彩画。东莞市著名的古代园林"可园"，给他提供了丰富的写生素材。新学期开始时，他的绘画水平令师生刮目相看。

1960年，何镜堂因学业成绩优异，成为华南工学院建筑系的第一批研究生，他非常珍惜这来之不易的学习机会。1964年，何镜堂到北京为自己的论文准备资料，当时，他借到一本对自己论文很有借鉴价值的英文书，可是借期只有3天。在当时，中国并没有复印机，相机的普及率也很低，因此想要将这本书复制下来，就成为非常大的难题。

何镜堂的解决方案，是将整本书手抄下来。他在一个小招待所里，使用钢笔和一叠透明纸，以床为桌，坐在小板凳上开始抄写。这本书有60多页，上面是密密麻麻的英文小字，还有不少图表。何镜堂不分昼夜花费了3天时间，硬生生地抄出了一份图文并

茂的手抄本。今天，他仍然保存着自己的手抄本，上面的字迹工整如印刷体，勾画的图表清晰明了，从始至终一丝不乱。当他向学生们展示这件珍藏品的时候，学生们都为他当年的定力和执着求知的精神所震惊。

大器晚成的建筑大师

改革开放后，大量基建项目开始推进，何镜堂敏锐地觉察到施展才能的机会来临了。在认真考虑之后，他决定选择一条既从事建筑设计创作，又研究建筑理论，将理论和实践结合起来的工作模式。他将目光投向了自己的家乡广东，1983年，经多方波折，何镜堂带着家人回到了母校华南工学院，开始了全新的工作和学习。这时何镜堂已经45岁了，在业内却是刚刚"出道"的新人。

回到母校的第三天，何镜堂听院长说深圳科学馆（今天的深圳科学馆旧馆）要重新举行设计竞赛，并邀请华南工学院设计院参加，但只剩下3个星期的时间了。何镜堂毫不犹豫地答应去参加投标竞赛，他一刻也没耽误，骑着自行车到五山街找到还在街上购买生活用品的妻子李绮霞，将消息告诉了妻

子，两人决定一起投入这项工作。

时间紧、工作量大，何镜堂夫妇马上到现场查看地形、搜集资料。夫妻俩在简陋的招待所开始了他们的设计构思，经过20多天的日夜奋战，反复推敲、比较，他们最终认为建筑主体采用正八角形的平面较为合适。最后一天，夫妻俩昼夜奋战，在另一个同事的帮助下连夜赶制出了模型。第二天上午，他们带着图纸、模型赶到深圳，将作品交给筹委会，当天傍晚，何镜堂夫妇就得到了方案中选的消息，夫妻俩听后忘记了多日的疲劳，兴奋不已。

这座被深圳人称为"八角楼"的科学馆，一直保留到今天。它独特的造型、先进的设计理念广受业界好评。正八角形的外观兼顾了美观和容量，赋予了这座建筑物更多的灵活性。

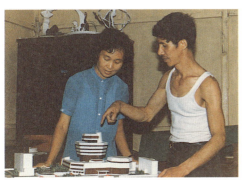
○何镜堂和夫人研究深圳科学馆投标模型

建筑竞标没有"常胜将军"

20世纪80年代中期，何镜堂在学校一边培养学生，一边进行建筑设计。他和团队先后负责设计了一批公共建筑工程，比如西汉南越王墓博物馆、广西桂林博物馆等文化类建筑，在业界逐渐崭露头角。

1992年，何镜堂升任华南理工大学建筑设计院院长，面临全新的机遇与挑战。常年在学校工作的他，对于大学校园情有独钟，

主持了大量校园建筑的规划设计工作，作品遍布全国各地的院校。重庆理工大学、澳门大学横琴新校区和上海交通大学（徐汇校区）钱学森图书馆等著名设计作品，使他被誉为"校园建筑设计掌门人"。

○澳门大学横琴校区

近年来，何镜堂和设计团队也在很多国际竞赛和重要工程中频频亮相。特别是令人印象深刻的上海世博会中国展馆"东方之冠"，使他的团队声名鹊起。随着何镜堂成为许多人眼中的"热门赢家"，来自各地的工程设计委托也纷至沓来。

何镜堂将这一切归结为"赢在团队"。他十分乐意和团队参与竞标，尤其是大型国际竞赛，因为严酷的竞赛环境，更能培养大家的团队观念，而且，他从来不怕在竞赛中失败。他说："只有团队合作才能搞好设计，建筑师养成合作共事的习惯是成功的基础。对于投标竞赛，我的心态始终很平和，谁都不可能是设计竞赛中的'常胜将军'。"

○何镜堂院士与上海世博会中国展馆"东方之冠"

陈俊亮，通信与电子系统专家，中国工程院院士，中国科学院院士，北京邮电大学网络与交换技术国家重点实验室教授。20世纪60年代，他是有线600/1200波特及无线600波特数据传输设备的主要研制者之一；20世纪80年代参加"DS-2000程控数字电话交换机"研制，建立了程控交换机诊断的基本理论。20世纪90年代率先从事智能网研究，其成果已形成产业化并在国家电信网中得到广泛应用，在智能网的软件结构、业务生成、过程控制等方面提出了新方法。

陈俊亮院士：

物联网，网聚我们的星球

摘要 在互联网技术高度发达的今天，"物联网"昭示着信息技术的未来。所谓"物联网"，就是物物相连的互联网。它将传统互联网通过计算设备实现人与人间的连接，拓展到了物品与物品之间，使信息交换和通信的范围变得更为广阔。在一些信息技术发达的国家，已有物联网投入应用的实例，而且展现出充满吸引力的前景。

从"互联网"到"物联网"

近几年，"物联网"正在成为人们熟悉的高频词汇。物联网究竟是什么？简单来说，物联网就是实现物物相连的互联网；但物联网中的"物"不是一般的物体，而是具有智能的物体，或者说带有微型计算机，具有通讯和感知等功能的物体。

目前，全世界的人口有70亿左右，

○ 物联网数据技术，网络基础设施连接一切

We Provide:

Aliquam eget diam voluptate, rutrum arcu a, rutrum nulla. Sed gravida, libero sed congue volutpat, sem dolor malesuada nibh, a vestibulum risus purus quis ante. Fusce dictum metus quis, ut vehiculum risus porus quis ante. Cras velit odio, aliquam faucibus eleifend et.

Big Data　Communication　Sync　Data Flow

成为数据。人们对这些数据进行处理以后，就可以做很多重要的工作。

2009年8月，时任国务院总理的温家宝提出了"感知中国"的口号，这成为中国着手大规模建设物联网的信号。作为一种国家战略，中国已经在很多场合都应用了物联网技术，而且取得了可观的成效。

而可以联网的智能设备的总量，如今已是数倍于此。通过这些设备，一些人已经享受到了物联网的便捷；如果全世界绝大多数人都被纳入到物联网之中，人类社会的生产生活就可能发生巨大的改变。人们普遍认为，在未来的10年或20年内，物联网会成为科技发展的一个重要的突破领域。

物联网与互联网能够无缝连接，可以实现虚拟和物理世界（现实世界）的一体化，也就把我们物理世界上的所有能够感知到的信息，都能够采集并转化

○ 人们的工作与物联网信息相关

比如说，对于大兴安岭等人们不易进入的林区，就可以通过物联网监测森林环境和树木的各种生长指标，并及时发现森林火灾。在一些容易发生交通拥堵的特大城市里，基于物联网技术的智能交通系统可以为驾驶员展示实时路况，让人们可以选择拥堵更少的道路。智能电网有效地优化了电力公司对电能的分配，而且使居民有可能在家中布设太阳能电池板或风能发电设备，并将自家生产的电能卖给电网。

可以说，在生活中的很多个领域，物联网技术都有可能提供更为便捷的服务。它可以比人类更为敏锐地捕捉信息，并且可以更为快速地处理信息和解

○ 全球无线设备互相连接，物联网影响人类生活

决问题，节约时间和资源，甚至避免可能发生的惨重损失。随着智能设备种类和总量的增长，物联网完全有可能被应用于更多的领域。

○智能电网概念图

传感器，物联网的"基石"

正在越来越影响我们生活的物联网，是如何构成的？如果仔细研究，我们可以发现物联网的体系结构大致分为四层。

物联网的最底层，被称作"感知层"，也就是各种各样的传感器。在每一种物联网系统中，都有一定用途的传感器在担当采集信息的工作。比如说服务于精准农业的物联网系统，就需要用传感器来感知作物生长的土壤、肥料、水分等情况以及植物受到的光照强度（日光或者人工光源），等等。基于这些传感器采集的数据，人们才可以根据作物的生长阶段，精准地浇水或者施肥，以及进行调整光照强度等操作。

在传感器感知大量数据以后，我们的最终目的是要实现控制。仍然以精准农业为例，我们要做的就是根据这些数据，决断对农作物进行怎样的养护操作。这种对传感器采集数据的整合，需要用到物联网的第三层"网络层"。网络层的主要职能，是使用互联网和传统的通讯、电信等网络，把所有这些数据搜集起来，然后把它们集中到物联网的第二层"平台层"。平台层通过通信平台、云计算平台或者数据中心，去处理这些数据，然后通过软件告知人们这些数据的含义和使用方法。

物联网的最高一层是"应用层"，也就是根据采集到的数据实现的具体应用。比如说，精准农业对数据的应用，就是精确地控制农业水、肥、光照等生产因素。其他一些领域，比如智能交通或者设计物流网络，则有其他一些专业的应用。可以说，物联网的架构有一定的共通性，但因为服务领域的不同，物联网的应用层是千变万化的。

构成物联网感知层的传感器，可以说是物联网的基石。传感器本身其实并不是新鲜事物，在生活中的很多领域，它都已经有相当长的服务历史。一种生活中很常见的应用，就是用传感器判断某一盏电灯（白炽灯）是否被点亮。因为白炽灯消耗的大部分电能实际上被转化成了热能，只有很少部分成为光能，所以白炽灯通电之后很快就会发热。如果在白炽灯附近安装一个热敏传感器，就可以通过白炽灯温度的变化，来判断它是否被点亮。

通过这个例子，我们可以发现，传感器最基本的功能有两条，其一是感知对象的物理情况，其二是把感知到的数据传出去。但相比于这些传统的传感器，服务于物联网的现代传感器增加了计算的功能，而且具备通信能力，使传感器之间可以彼此联动。不仅如此，物联网中的传感器，其体积还可以被做得非常小，与之相应的则是能耗要求也大幅降低。

现代传感器大体需要包含6个模块，即感知单元、处理单元、储存器、通讯单元、控制软件和电源。感知单元是所有传感器的基础，用于物联网的现代传感器自然也不例外。根据功能的不同，感知单元可能有多种形式，比如探测温度变化的热传感器，以及探测压力变化的压力传感器。感知到的信号会被送到处理单元，并被储存在储存器里，再被通讯单元传送出去。为了维系这些硬件设备的运转，传感器也需要控制软件以及电源。

○用微型传感器监测森林环境

物联网技术可以让大量带有处理单元和通讯单元的传感器，通过特定的机制自行连接成网，这就是传感器的"自组织网络"。我们以监控大兴安岭森林环境这一应用为例，很显然，通过类似于飞播的方式洒到林区里的传感器，是随机分布的，人们很难了解每个传感器的精确坐标，以及附近其他传感

物联网技术护航精准农业

随着世界上的人口越来越多，人地矛盾日益突出，用更少的土地养活更多的人，成为人们对未来农业的需求，因此，发展精准农业势在必行。目前，世界上最典型的精准农业，就是以色列的精准农业。

以色列位于西亚，是一个土地资源极为稀缺的沙漠国家，而且强敌环伺。为了保障国家的食品供应，以色列大力发展精准农业。一种最为常见的精准农业模式，是搭建高度智能化的农业大棚。植物土壤的营养情况、土壤的化学成分、光照、日照等数据，都可以被传感器精确采集，并由计算机系统记录。

根据植物的生长情况，人们可以知道该对植物进行怎样的养护操作，比如是否应该浇水、施肥、加强（减少）光照、加强（减少）通风等等。这些数据配合精密的农业滴灌技术，甚至可以实现对每一株植物定点加水、换水或者施肥。凭借高度智能化的精准农业，以色列不仅满足了本国的食品需求，甚至可以出口一部分食品来换取外汇。

器的分布情况。所以，人们需要为传感器设计一种功能，就是在它被飞机撒下去以后，可以自动感知附近有哪些传感器，并且自动与附近的传感器联网。这个小型网络会自己设定一个中心结点，收集、汇总小范围之内的传感器的信息，然后传给另一个小型网络里的中心结点。最后，所有的数据都会被汇总到某一个总的中心节点，再从那里被上传给通信卫星，并经过卫星通信传给林业部门。通过这样一套通信系统，人们就可以很好地了解林区的各种情况。

RFID大显身手

在物联网当中，还有一类与传统传感器全然不同的特殊传感器，那就是RFID（射频标识），或者叫作"电子标签"。RFID实际上是一种非常微小的集成电路芯片，其能源供给可以依靠自带的电池，也可以依靠读取设备发出的无线电波。一个RFID芯片可以储存不少数据，因此能够帮助人们完成很多日常生活中常见的工作，比如公共交通系统的收费。

在物流领域，RFID技术的应用更是非常广泛。现代集装箱货轮的航程往往很少是点对点的，而是会在一段停靠多个港口的航程中，逐渐卸下已有的货物并装载上新的货物。安排这些货物位置和到港装卸货的环节，在海运领域被称为"理货"。如今，人们只需在某个货物（集装箱）上贴一个RFID，就知道货物的诸多信息，比如集装箱的内容，以及产地、起运港和终到港等，以及途中涉及的联运等信息。

RFID技术提供了全程监控货运过程的可能性，也让人们可以实时查询运输进度。这就可以减少货运过程中一些不合理的环节；如果货物损失或者损坏，我们也能知道问题是在哪个环节发生的。基于同样的原理，我们也有可能对农产品实施全程追溯，并且更合理地安排农产品的运输过程。而在一些客流量巨大的大型机场，行李托运也用上了RFID技术，让行李托运特别是连挂托运的出错概率大幅降低。（连挂托运是指转机时不提取行李，只在目的地提取的托运方式。在机场过于繁忙的情况下，行李很容易在转机时被放到无关的航班上。）

○乘客用RFID打开地铁系统入口

物联网"重构"人类生活

不断进步的物联网技术，正在从方方面面重构着人类的生活。物联网通过数据的采集和汇总，提高了人们掌控世界和生活的能力，从而带来了更高效的服务和更多节约资源的选择。

在现代大城市里，私家车主在闹市区找车位往往是痛苦的经历。一项美国的统计表明，如果将一年中造访洛杉矶一处小型商业区的所有车辆，为找车位行驶的里程加起来，竟然相当于地球周长的38倍之多。大量燃油在这种无意义的行驶中被消耗，而且由于车辆长时间低速行驶，还不可避免地产生了更多的二氧化碳排放。但如果引入物联网技术，类似的问题就可以迎刃而解。

交通拥堵也是现代城市的痼疾，不仅浪费时间，而且汽车发动机怠速运行，会白白消耗很多燃料。在美国，每年因为交通拥堵而额外消耗的燃料，可以装满58艘超级油轮，这些燃料的价值高达780亿美元。但如果借助激光识别技术，我们就可以快速统计某一条道路的车流量，再将拥堵状况实时发送给所有的车主，使他们设法避开拥堵路段。这种思路再进一步，就是让电子地图软件的路线设计功能，也可以考虑拥堵路段实时数据这一层因素，为用户设计最快的路，而非只推荐最短的路。

在医疗信息化当中，物联网的应用

○电子地图在移动客户端的应用使人们的出行更加方便快捷

也非常广泛。各大医院的病例已经实现了电子化，医生不再手写病历而是在计算机上录入，药房发药的时候也会在计算机数据库中进行检查，减少发药出错的概率。因为这些数据，医院可以自动统计各种药物每天以及每个月的消耗量，决定哪些药品应该进货，保证医疗顺利进行。

而在健康监护方面，整合了监控设备的轮椅，可以实施监控老人（病人、残障人士）的心跳、血压情况，以及轮椅的位置，从而反推出轮椅使用者的位置和健康状况。对于容易走失、需要人们帮助方能与家人重聚的老年痴呆症患者或智力残障人士，以及有心脏病、脑血管病等致命疾病病史的人士，这样的监控就非常有帮助，甚至可以发挥挽救生命的价值。

END

观众问答

Q 中国的物联网技术处在什么样的发展水平？主要的制约因素是什么？

陈俊亮：中国的物联网技术和应用，目前还处在起步阶段。最近几年，"物联网"、"智慧城市"都成为热词，但在具体的应用层面，人们大多只是在做顶层设计，或者在物流、安保等领域，做一些小规模的示范应用。

对于中国来说，发展物联网最大的瓶颈，在于传感器技术相对薄弱。在中国，很多传感器尚不能自行生产，或者存在体积不够小、能耗比较大等问题。不能与发达国家的同类产品竞争。这种劣势，很大程度上可以归因于中国在集成电路和电池技术领域的薄弱。建设物联网可能需要用到像芝麻粒那么大的传感器，而且这种传感器需要自带电池。很显然，这个电池需要做得更小，而且还要持续工作2~3年之久，这就对电池技术提出了非常严苛的要求。这个领域，还是中国的技术短板。

另一种制约因素是集成电路制造的水平。在单位面积上集成尽可能多的晶体管等电子元件，需要很好的设计和精密制造技术，甚至可以说是对物理、化学等基础学科水平的考验。在集成电路这个领域，中国想要赶上世界先进水平，还要付出很多努力。

○ 智慧城市与物联网

延伸阅读

"智慧城市"

"智慧城市"是指运用信息和通信技术手段，感测、分析、整合城市运行核心系统的各项关键信息，从而对包括民生、环保、公共安全、城市服务、工商业活动在内的各种需求做出智能响应。"智慧城市"的实质，是利用先进的信息技术，实现城市智慧式管理和运行，进而为城市中的人创造更美好的生活，促进城市的和谐、可持续成长。随着人类社会的不断发展，未来城市将承载越来越多的人口。目前，中国正处于城镇化加速发展的时期，部分地区"城市病"问题日益严峻。为解决城市发展难题，实现城市可持续发展，建设智慧城市已成为当今世界城市发展不可逆转的历史潮流。

Q 目前新闻报道中时常提到的"互联网+"，与物联网有什么区别？

陈俊亮： "互联网+"是近来新闻媒体和社会公众热议的话题。所谓"互联网+"，实际上是把互联网、市场（需求）、工厂（产能）等因素结合起来，成为一种生产或者销售的新模式。这种模式以阿里巴巴集团为代表，为很多大大小小的电商企业所用，提供网络购物和配送等服务。

"互联网+"的本质，是用互联网把生产要素联系起来，以提高生产效率、销售效率，从而有可能增加产值。在工业生产领域内部，也有不少运用互联网技术对生产过程加以优化和升级的案例。比如说，海军建造大型舰船的时候，可能需要数十台甚至上百台焊机一起操作，而且焊缝的误差要控制在很好的水平。想要做到这一点，就需要随时知晓所有焊机的操作数据，并使它们协调运作。显然，这就需要用工业互联网，将它们联系起来。这就是一种"互联网+制造业"的典型实例。

快递行业也很需要"互联网+"的助力。比如说，想要在短时间内送出大量的货品，如何规划快递车的路线，避开交通拥堵，又不会绕太远的路，这就需要把快递员（车）与仓库、管理平台等元素，都通过网络联系起来，运用信息手段进行智能调配，使效率达到最高。

如果将未来的网络世界比喻为人的大脑，那么物联网就扮演着感知神经的角色，而"互联网+"则是运动神经的雏形。

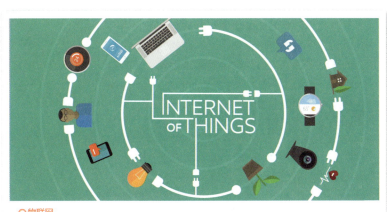

○ 物联网

Q 我们可否不用电池，以其他的能源让微型传感器运转起来？

陈俊亮： 微型传感器对能源设备的体积有很苛刻的要求，因为传感器里有限的空间，还需要安排微型处理器、存储器、通信模块等等。小型化的电池是最简单可行的办法，而太阳能或风能都很难做到小型化。目前，国内外的科研方向，都是想要在电池的小型化方面下功夫。

陈俊亮:

助力中国走进信息时代

留学回国，参与建造卫星

1955年，大学毕业的陈俊亮进入新成立的北京邮电学院（今北京邮电大学）任教。很快，他得到赴苏联留学的机会，启程前往莫斯科电信工程学院学习深造。在苏联的日子里，他接受了系统的通信电子基础理论训练，这成为他在电信领域大显身手的基础。

1967年年初，陈俊亮所在的研究室接到了任务，他们将参与制造中国的第一颗人造地球卫星东方红一号的数据通信设备。陈俊亮与同事们的任务，是研制无线数据传输系统，降低无线电传输过程中的误码率。

当时，中国无电线传输在理想状态下的误码率是每发送1000个码会出现几个错误，而东方红一号的无线数据传输系统要求每发送10万个码才能出现几个错误，也就是将技术指标提高100倍。面对如此高的技术要求，当时的研究小组水平却非常有限，拿不出总体方案。重担一下子落在了技术过硬、又有很好外语功底的陈俊亮肩上。

为了能够获得相关资料，陈俊亮要求进入北京邮电学院的外文图书馆查阅资料。十

○陈俊亮院士早期指导年轻学生工作

几天之后，他终于在（美国）贝尔实验室出版的一本杂志上找到了需要的内容。

获得了方法指导的陈俊亮，制订出东方红一号无线数据传输系统纠错编码的总体方案，他随即带领研究小组开始了科研攻关。经过对方案中纠错、检错、重发反馈、同步方案等进行反复的论证和演练，研究小组终于成功解决了方案在实际使用中的全部难题。1969年，陈俊亮带头研制的数据通信的纠错编码设备在验收中一次性通过，随即成为东方红一号的组件。1970年4月24日，这颗著名的人造卫星顺利升空，中国也成为世界上第五个用本国制造的火箭发射卫星的国家。

研究程控，升级电话网络

○陈俊亮（右二）早期在加州大学访问学习

1978年，陈俊亮被国家派往美国加州大学学习。美国开放的研究环境，让他开阔了视野，也提高了分析问题的能力和水平。1981年，结束深造的他回到了祖国，在美国从事科研的经历，令他深感中国在通信技术和设备上的落后。

早在1960年，美国的贝尔实验室就发明了程控数字交换机，这项技术很快就在西方发达国家得到推广。而1980年的中国，却还没有能力生产自己的程控数字交换机，仅有的几台，都是用大量外汇从国外购买的。中国通信市场的空白，吸引了大量外国交换机厂商前来"淘金"。

面对这种局面，中国的邮电部门决定自行研制程控电话交换机，研制工作由邮电部上海第一研究所负责，陈俊亮领导的课题小组参与共同合作完成。接到任务时，陈俊亮面临着非常严峻的局面：首先，这是中国第

○陈俊亮院士（左四）早期与科研团队一起做项目评估

一次将一门综合性的高科技列为攻关项目，许多方面还需要研究探索；第二，上级要求在不影响日常通信业务的前提下研制新型交换机，要求兼容并且其主要技术指标基本达到当时国外先进水平；第三，科研资金非常有限。尽管如此，名为DS-2000的程控数字市话交换机仍然成功问世。

着眼未来，让网络更"智能"

研制了中国第一台程控数字交换机之后，陈俊亮将目光投向了以交换机为基础的增值服务，也就是"智能网"。经过调研，陈俊亮在1993年以创建中国的智能网为方向，向"863计划"申请了课题并得到通过。3年以后，智能网项目以出色的质量通过了验收。

智能网的开发成功只是开始，陈俊亮也一直在思考，怎么将新技术投入商业运营中去，使产学研相结合，创造出更大的社会效益。在20世纪末，大多数人抱有"外国货比中国货好"的观点，许多电信局都不愿意使用陈俊亮开发的智能网。在这种情况下，邮电部组织北京邮电学院和上海市电信局合作，在上海市建立了智能网的示范点。很快，新的问题就来了，由于上海市电信局使用的是产自中国台湾省的交换机，与智能网的兼容性存在问题，需要制造厂商派出工程师进行调试，很浪费时间。在这个关键时刻，邮电部决定改用中国大陆生产的交换机，使智能网终于在1998年投入运营。

陈俊亮不但是一位杰出的科学家，同时还是一位辛勤耕耘的教师，他一直在北京邮电大学任教，先后培养了许多优秀的电信人才。如今，头发已经花白的他依然充满激情地投身于工作之中，发挥着自己身上的光和热。

　　刘先林，摄影测量与遥感专家，中国工程院院士，中国测绘科学研究院名誉院长。30多年以来，他致力于摄影测量和航测仪器的研究工作，为中国的航测事业做出了突出贡献。1963年由他提出的解析辐射三角测量方法，是写入行业规范的第一个由中国人发明的方法。1998年他任课题组长完成的863-308项目"全数字摄影测量系统JX4A-DPS"通过国家鉴定，销往全国并出口国外。

刘先林院士：

高精度测绘勾勒城市面貌

摘要 在城市生活中和外出旅行时，我们常常需要电子地图的帮助。形形色色的电子地图背后，是人类测绘科技的进步。通过遥感卫星、航拍设备等硬件的采集，以及专用计算机的处理，自然界的地理信息，还有城市和乡村中各种建筑物的位置，都被转换为数据。它们不仅是编制电子地图的基石，也正在成为城市管理的重要工具。

"把地球搬回家"的工作

虽然人们的生活离不开各种各样的地图，但如果以人才储备和人才培养的数量为标准来考量，为地图制作服务的测绘，是一个很小的行业。所谓"测绘"，就是一项"把地球搬回家"的工作。或者说，测绘工作者需要尽可能精确地记录和描绘地理信息，并且将它们明白无误地呈现给有需要的人们。

○ 测绘工程师在工地作业

也都是测绘行业所不敢想象的。测绘行业的高速发展，反映出公众对更为精准的掌握地理信息的需求。

为了让测绘数据更快成为可以实用的地图或者其他资料，现代测绘行业引入了大量全新的技术。在几十年前，如果想要为一大片土地（比如一个或几个省份）绘制地图，可能需要一年时间航空摄影，第二年进行地面考察，第三年

○ 航拍无人机

在最近20年或30年中，由于许许多多新技术的引入，测绘行业发生了巨大的变化。如果说几十年前的测绘工作者与古代同行的不同，更多地体现在绘制地图所用的介质上，那么，今天的测绘工作者们，已经掌握了大量数字化乃至信息化测绘工具，这即使在几十年前，

○ 航拍的海边照片

完成制图工作。但现在，测绘数据会经由计算机系统处理，迅速转化为可用的地图或者资料。不仅如此，这些数据还经过了特定方式的整理，可以在同行之间轻松分享，服务于多个不同的测绘计划。与此同时，航拍相机的精度也在大幅提升，使航拍效率和清晰度都大幅提高。这是因为，航拍会受到天气和其他航空器活动的制约，每一次航拍申请到的航次都极为珍贵。

在地面上，一些专用的测绘车也被研发出来，以服务于高精度的地面测绘。毕竟，航拍飞机无法飞得太低，在城市里就更是如此。测绘车安装了专门的激光测绘设备，在行驶过程中记录下城市的地理信息。特殊的微型测绘车则能够进入建筑物的地下结构，自动探索地下建筑物（比如高层建筑附属的车库）并对其进行建模。这是因为，一些大型建筑物的车库可能分为若干层，而且每一层的面积都非常大，对其进行精密的测绘，已非人力所能及。

能够在地面上全自动作业的高精度测绘系统，以前所未有的精度描绘了城市的面貌，这些珍贵的数据，成为今天流行的驾车导航软件的基石。我们知道，城市交通导航软件需要极为精确的地图，即使是居民区里的小路也需要标记得清清楚楚。这样的精度足以让司机不迷路，但对于目前正在研发和测试阶段的自动驾驶汽车来说，这样的精度仍嫌不足。自动驾驶汽车需要精准了解某一条车道是否可以转弯，以及哪一段路可以（或者禁止）并线、（双向单车道）借道超车甚至潮汐车道等诸多交通细节。这种精度要求已经远远超出了人力测绘的能力范围，只有依靠测绘车和全自动设备方才有可能完成。

○ 测绘车

延伸阅读

"制图六体"

　　"制图六体"是中国最早的地图制图学理论，由西晋制图学家裴秀提出。这套理论包括了地图制图的6条原则：第一为"分率"，用以反映面积、长宽之比例，也就是今天地图所用的比例尺系统；第二为"准望"，用以确定地貌、地物彼此间的相互方位关系；第三为"道里"，用以确定两地之间道路的距离；第四为"高下"，即相对高程；第五为"方邪"，即记录地面坡度的起伏；第六为"迂直"，即实地高低起伏与图上距离的换算。

　　这些在前人工作基础上总结的制图原则，正确地阐明了地图比例尺、方位和距离的关系，对中国西晋以后的地图制作技术产生了深远的影响。此后，唐代贾耽、宋代沈括、元代朱思本和明代罗洪先等古代制图学家的著名地图，都继承了"制图六体"的原则。

"街景地图"，如何制作

目前，一些提供电子地图服务的网站，比如百度和谷歌，都推出了各自的街景地图，而且很受网民们的喜爱。人们在电子地图上点击，安放一个"虚拟摄像头"，就可以看到某个区域的地物实景。这种街景地图，实际上是用特殊的"街景车"拍下电子图像，再通过特殊的算法拼接而成的。随着各个大城市的"成长"，制作街景地图的任务量也将会越来越繁重。

目前投入使用的这些街景地图，我们称之为"第一代街景地图"。这是因为，它只是让用户在某一个位置"站定"，然后以平视360度观看街景。这样的系统有一种略微进步一些的变体，可以让用户通过计算机键盘操纵，在街景地图里走一小段距离，我们称之为"一代半街景地图"。不过，这并不是街景地图"进化"的终点。测绘领域期盼的新一代街景地图，将是一种本质上的革新，那就是以高精度的三维模型来取代二维的图像。

基于高精度三维模型的"第二代街景地图"，因为点云采集技术的进步而成为可能。所谓点云，就是巨量的点数据的集合。我们知道，当一束激光照射到物体表面时，反射回来的激光会携带方位、距离等信息。若将激光束按照某种特定的轨迹，对物体进行极为精细的扫描，并且在扫描同时记录反射的激光点的信息，那么被记录下来的激光点构成的点云，就勾勒出了物体的外观。

如果用三维激光扫描仪和照相式扫描仪相互配合，共同对某一个物体进行扫描，那么前者的数据会包括三维坐标和激光反射强度，后者则包括三维坐标和颜色信息。如果让这两种手段采集到的三维坐标信息相互印证，激光反射强度和颜色信息相互补完，就可以迅速建立起被扫描物体的三维模型，甚至为一栋巨大的建筑物建模也不在话下。建模所需的数据，配合来自GPS或者"北斗"导航系统的卫星定位数据，就成为城市街景地图的基础。

想要让新一代的街景地图走向实用，对地物外观数据进行高成功率自动提取，是最为关键的一步。只有数据采集的准确率达到90%以上，才可以保证建模的精确。目前，中国已经为极少数街区制作了实验性的第二代街景地图，但与技术更先进的美国相比，中国在这个领域尚存差距。

高精度测绘化解管理难题

每一座大城市，都可能有一些痼疾，比如私搭乱建的违章建筑物。在传统的测绘技术条件下，人们很难发现这些给城市带来视觉污染乃至安全隐患的事物，因为航拍图像难以发现地面建筑发生变化的细节。而如果只依靠城管人员巡逻来发现这些违章建筑，也同样不现实。

但运用制作第二代街景地图所需的技术，发现和清理违章建筑物的难题便可以迎刃而解。通过自动采集的点云数据，我们可以为一个个街区建模，再将这些模型与上一次采集之后得到的模型进行对比，就可以方便地看到建筑物的变化，继而"筛"出违章建筑物。在筹备一些大型活动特别是涉外活动的时候，这种快速发现违章建筑物的方法会凸显出它的价值。

由于城市规划方面的历史遗留问题，一些井盖会不可避免地出现在道路中间。由于井盖和相关的金属结构，与路面并不是一体的，因此很容易随着车辆一次次碾压而凹陷，并且（在凹陷之后）造成车辆明显的颠簸。在夜间车速较快的情况下，颠簸就会成为一个损伤车辆的因素，乃至行车安全隐患；同时，井盖本身结构不再牢靠，也可能会让它最终成为"马路陷阱"。但如果使用点云数据对道路进行

○马路上下陷的井盖（摄影/朱文超）

建模，我们甚至可以发现某个井盖是否有大于或等于一厘米的凹陷，并通过井盖上的文字判断它的归属，然后通知相关部门前来维修。

在这个互联网特别是移动互联网高速发展的时代，测绘与互联网技术的结合也越来越紧密。比如说，电子地图会

○航拍飞行器在高空作业

允许用户提交纠错信息，并在核实之后据此进行更新。在一些小商铺密集的商圈，商铺的租户和经营内容可能在一年中发生若干次变动，这意味着地图必须进行相应的更新。如果只凭测绘人员实地考察，那么工作量将是惊人的。但得益于移动互联网技术，电子地图的制作者可以方便地获取城市和乡村中地物的变动，并及时更新地图。

不过，正如"尺有所短，寸有所长"这句中国古语所言，在解决一些问题的时候，仅凭测绘手段会导致难以避免的误差。比如说，目前中国政府正在致力于"精准扶贫"的工作。为了了解哪些居民点属于需要帮助的贫困地区，我们可以借助遥感测绘，拍摄各地的情况（航拍图等），再将这些信息与国务院扶贫办的统计数据结合起来，从而选出贫困地区，以开展扶贫工作。

然而，这样的筛选方法其实是不完美的，因为统计数据可能存在误差，遥感测绘的结果也不一定能精确反映地面上的情况。相比之下，目前流行的大数据分析，可能会得到更为精准的结果。具体来说，我们可以通过（实名制的）车票和手机SIM卡，以及银行储蓄流水和物流包裹等同样基于实名制的信息，得到关于各地人员、资金、信息和物资流动情况的大数据，再对这些数据进行关联分析，就可以有效找出真正的贫困地区。通过这种大数据分析方法，我们发现了一些以往被忽视的贫困地区，也剔除了一些其实不需要接受扶贫的区域。

事实上，随着互联网的不断成长，以及大数据分析和物联网等技术走向完善，测绘工作与大数据、物联网技术的合流，已是一种不可阻挡、不可忽视的历史潮流。测绘工作需要以开放的态度接纳这些新技术，使自己在未来不至于被边缘化。

END

○世界地图

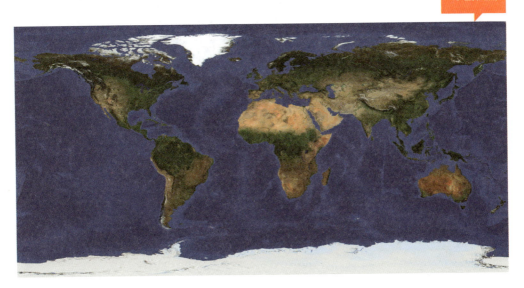

观众问答？！

Q 目前，人们主要通过什么设备来采集地理信息？

刘先林：专业的航拍数码相机，可以从空中拍摄地面的图像。另一种方式，是使用"全数字摄影测量工作站"。这是一种专用的计算机，可以对外部设备采集到的地理信息数据，通过特定的算法进行工程化处理和交互式处理。

○ 航拍机模型

Q 遥感技术是怎样对实物拍照的？

刘先林：想要对地面拍摄或者记录地理信息，有很多种方式可以选择。在高空，可以用光学设备或者用雷达对地面进行扫描来采集数据，也可以在地面用相机进行拍照然后制图。在遥感领域，对物体拍照也有多种方式，比如我们熟悉的光学照相，就是直接记录物体的色泽并转换为红绿蓝（RGB）的数字编码；也可以使用激光来拍照，也就是用激光探测物体反射的阳光，再转换为红绿蓝（RGB）的数字编码，记录物体的颜色信息。

○ 测绘仪器

太空照片引发"罗摩桥"之争

位于印度和斯里兰卡之间的保克海峡，在印度人心目中有着特殊的意义。根据古印度史诗《罗摩衍那》的记载，罗摩王子为救回被魔王掠走的妻子，向猴王哈奴曼求助。哈奴曼派出他的神猴军团，在海峡上搭起一座浮桥，使王子能跨海进攻魔王。在罗摩凯旋之后，这座神桥就被命名为"罗摩桥"。

很多现代人都倾向于认为，"罗摩桥"只是一则神话传说，直到2002年，美国宇航局发布了一张在航天器上拍摄的太空照片。在这张反映印度东南部和斯里兰卡的照片上，人们可以清晰地看到，保克海峡底部有一串绵延的沙梁。很多狂热的印度教徒因此相信，这道沙梁就是《罗摩衍那》中"罗摩桥"的遗迹，并因此将保克海峡视为宗教圣地。

事实上，正是由于这道沙梁的存在，使保克海峡成为世界上最浅的海峡，只能通行一些小型船只。因此，一些印度政客一直希望能截断一部分沙梁，在海峡中开凿一条"海中运河"（深水航道），以提高印度近海的航运效率。2005年7月，这一工程计划被印度政府批准，但随即遭到了数以百万计的印度教徒的抵制和抗议。他们坚信这道沙梁并非自然形成，而是《罗摩衍那》记载的神迹。

受制于人类目前的科技手段，对沙梁本身和周围岩石样本年代的测量误差很大，因此无法判断沙梁是天然形成还是人工建筑物遗址。发布这张照片的美国航空航天局从当地历史观测记录进行推断，倾向于认为沙梁只是自然形成的地质构造，但也仍然无法平息争端。

如今，谷歌公司的电子地图上，已经将这一区域标注为"罗摩桥"。而势必截断沙梁的深水航道工程，是否构成了对宗教圣地的破坏，仍然是印度各方政治势力10多年来争论不息的话题。毕竟，根据《罗摩衍那》的情节，"罗摩桥"已经在罗摩王子完成复仇之后被他下令拆毁，但他的命令是否得到执行，以及桥被拆毁的程度则没有提及。这个古老故事中的小小细节，仿佛是对今天扑朔迷离的"罗摩桥"之争的注脚。

○ 横贯保克海峡的罗摩桥

刘先林：
打造中国航测仪器体系

开启中国数字测绘时代

在测绘地理信息行业，刘先林是赫赫有名的专家。他一生都致力于摄影测量与航测仪器的研究工作，科研成果最终都实现了产业化，打破了同类进口产品在中国的垄断局面，为国家节省资金近2亿元，实现出口创汇200多万美元。

20世纪80年代初期，刘先林团队的正射投影仪在一无现成图纸，二无参考资料，而且经费不足的情况下研制成功。紧接着，他又先后研制成功集光机电计算机技术于一体的JX-1和JX-3解析测图仪，填补了国内空白。

在人们还在为国产化解析测图仪的诞生欢呼雀跃的时候，刘先林又开始了新的科学探索。为了紧跟国际发展的步伐，他带领自己的团队夜以继日的进入数字化测图的研究工作中。终于，在1998年，他的团队推出了JX-4A数字摄影测量系统，也为中国的航测事业翻开了新篇章。

数字航摄打破国外垄断

随着JX-4系列数字摄影测量系统在国内的普及，刘先林又开始了新的创新历程，那就是研制国产化航空数码相机。

○刘先林院士与数码航空相机

刘先林说，研制航摄仪是"憋着劲干"的，由于国内对航摄仪的需求很旺盛，但这类产品又全部被国外产品垄断，外商的售价高的离谱。看到生产单位使用性价比很低的进口产品，刘先林在2002年毅然决定要做中国自己的航摄仪，将过于昂贵的进口产品挤出中国市场，为用户节约宝贵的资金。

但在研制开始的时候，刘先林面临的困难之多超乎想象。经费不足，人手不够，但困难从不是他创新道路上的障碍，也从不是他放弃研究的理由。经过3年努力，数字航摄仪的研制取得了重大突破，试制成功并进入到试验阶段。

为了检验航摄仪的精度和航摄效果，刘先林频繁地在各个试验场间穿梭，获取第一手航摄资料，然后回到北京分析对比，找出设备存在的问题。有一次，刘先林的团队在四川省宜宾市测试设备，一行人下午5点下了飞机，宾馆未进，行李未卸，就直接前往试验区试飞。当时，准备测试的设备被安装在一架蜜蜂-3式超轻型飞机上，这种飞机除了飞行员以外只能坐一名乘客，而且座舱是敞开的；超轻型飞机容易受到气流的影响，也并不安全。然而，为了测试设备，随机起飞的工作人员还要有比较高的设备技术操作水平。见到这样的情况，刘先林二话不说就登上了飞机，飞行40多分钟，亲自操作仪器并亲眼看到了它的工作情况，从而能更有针对性地思考潜在的问题。他无私无畏的精神感动了大家，整个团队在他的激励下，顺利完成了试验任务。

○刘先林院士获奖

○刘先林院士在为学生指导

打造新一代"街景地图"

在航摄仪研发成功之后，所有人都认为年近七旬的刘先林该歇歇了。然而，从数字航摄仪推出至今，刘先林并没有躺在历史的功劳簿上，而是向另一个科研高峰继续攀登。他把下一个目标锁定在三维激光移动测量系统，这同样是一种曾经被国外垄断的高科技产品，但它又有着巨大的应用价值，那就是有助于勾勒出新一代的"街景地图"。

2007年，刘先林带领他的团队，开始了三维城市快速数据采集系统的研制。他提出，国际上先进的测绘技术，就是把现有的、当代的、尖端的传感器都用上，构建一个新的测绘仪器，或者是系统，不是孤立的用个别传感器，而是整体都要用上。他也认为，惯性导航技术用在测绘里有很多好处，是当代国际上最先进的测绘仪器，并把这种理念在车载系统中变为现实。

为了完成这次研究，刘先林把自己在首都师范大学担任教授的50余万元工资全部拿出来作为科研经费，以购置昂贵的激光、惯性导航、相机等传感设备。而后，刘先林开始思考将它们有效地集成到一起，以发挥出最大作用的方案。经过4年的"鏖战"，国产化三维激光移动测量系统终于在2011年宣布研制成功。该系统在鉴定会结束后，首先在福建省投入应用，目前已经进入全国推广阶段。

多年来，刘先林率领的团队研制出的多个国产化航测仪器，如今在国内行业中都已经成为主流设备。这些仪器不仅填补了国内在相关领域的空白，而且凭借自主知识产权，有力地回击了进口产品厂商漫天要价的行为。得益于刘先林的工作，中国的测绘事业正在发展得更健康，更强壮。

　　陈志杰，空管技术专家，中国工程院院士，现任空军某研究所所长、高级工程师。他主要从事空中管制技术研究，主持完成20余项国家、军队重大科研项目，在自动化协同管制、空域管理与控制及信息处理方面做了基础性和开拓性工作，于20世纪90年代初成功研制出解放军首套机场、分区级自动化空管系统，主持构建了覆盖全国空域的一体化空中管制指挥平台。他在国内率先开展军航自动相关监视技术研究，成功研制出具有自主知识产权的新航行系统。

陈志杰院士：

"天空交警"保障飞行安全

摘要 当我们乘坐飞机往来于各地的时候，许许多多的航空管制工作人员，正在各自的岗位上，为我们能够平安、准时地飞行效力。地球各个大洲和大洋之上的天空，其实已经被划分成了一个个肉眼无法看到的区域，而一条条精心设计的航线穿行其间。担任"天空交警"是一项不容失误、压力极大的工作，随着全球航线历程和航班数量的不断增长，更为高效、可靠的航空管制势在必行。

飞行不是"天高任鸟飞"

中国有一句俗语，"海阔凭鱼跃，天高任鸟飞"。在大多数人的观念里，天空辽阔而高远，飞机也仿佛鸟类一样，可以无拘无束地飞行。然而，这只是一种浪漫的想象。从离开停机坪准备起飞，直到降落并且停稳，飞机的每一项行动，都需要听从航空管制（下文简称"空管"）人员的指挥，只有这样，飞行才能安全有序地进行。

随着民航业的发展，全球航线网络会越发密集，空管的任务也将愈加繁重。除了繁忙的民用航线，军用飞机的起飞和巡航，非战斗时期的飞行安全保障，也都是空管系统的一部分。

1903年，美国人莱特兄弟发明了第一架飞机。在飞机诞生早期，人类并没有空管的概念。但仅仅7年之后的1910年，在奥地利的维也纳，就发生了世界航空史上第一起飞机空中相撞事故。这使人们意识到，飞机也需要调度人员和交通规则，方才可以保证飞行安全。

从海平面到海平面之上25000米的区域，我们称之为"天"。民航客机的飞行高度通常不超过15000米，但有极少数军用飞机可以达到更高一些的高度，比如著名的美国SR-71高空侦察机，就可以在25000米的高度飞行。更高一些的区域，被称为"临近空间"，是探空气球和少数实验飞机的领域。超过100千米的"卡门线"，便是更难以到达的太空。

○ 机场人员在引导飞机滑行到停机的地方

"空管"的工作范围，通常只包括海拔25000米以下的空域。一般来说，为了服务于这个区域，空管系统大体需要包含3个部分，那就是空域的管理、管制指挥和飞行流量管理。

空域管理类似于陆地上道路规划的工作。飞机在两个机场之间飞行，并不是随意选择飞行路线，而是沿着一条条事先规划好的航道来飞行。以中国为例，中国的领空面积大约是1006.5万平方千米。但归某一个国家管理的空域，不只局限于

○ 在机场即将起飞的飞机

其领空范围之内。所以，根据国际民航组织的授权，中国可以管理一些公海和其他的国际空域，所以由中国实际负责管理的空域面积，大约是1025万平方千米。这片广阔的空域遍布着密集的航线网络，就像地面上的公路网一样。

人们为飞机规划航道，并限定它们在航道上飞行。这是因为，在飞机飞行的过程中，地面人员要随时知道它的位置，并且能够和它保持联系，以免发生偏航或者撞山（摩天楼）、撞击其他飞机等事故。规划航道并且布置这些探测飞机和联络飞机的设施，是空管的基础。

管制指挥和飞行流量管理，就是运用空管硬件对飞机进行调度的过程。飞临一座机场的民用飞机，可能包括民航客机和小型的通用航空飞机（包括公务机和一些更小型的私人飞机），那么，如何保证这些飞机都可以互不冲突地起降，就是管制指挥的职责。

天空中无形的路网

如同在陆地上修筑公路，我们在天空中划定了航线。所有可能使用航线的航空器，都被称为"空域用户"；而可能影响到航线正常运作的其他人为因素，比如军队的武器试射或军事演习活动，也被认为是一种特殊的"空域用户"。

目前，中国国内的通航城市有198个，固定国际航班通达48个国家的123座城市。此外，我们还有一些从中国大陆通往台、港、澳的航班。目前，中国内地有37个城市开通前往香港特别行政区的航班，11个城市开通前往澳门特别行政区的航班，43个城市开通前往台湾省的航班。目前，全国的航道航线的里程大约是19.65万千米，这里面包括了不同种类的航线。

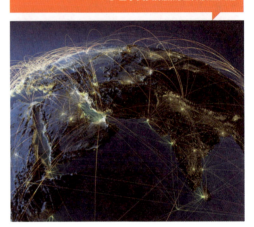

○ 基于真实数据的世界航空交通

除了航道和航空管制区的划分，我们也会划分出飞行禁区、危险区和空中限制区，以及军事训练区域。与国家安全有非常大相关性的地区，通常情况下是禁止飞越的，被称为"飞行禁区"。防空部队军事训练的靶场空域，因为常年进行武器射击训练，对不慎进入的飞行器有很大的误伤风险，通常被划为"危险区"。涉密单位或者对国家安全可能有重大影响的建筑物上方，可能被划为"空中限制区"。此外，军队进行军事训练的区域，也需要特别加以考虑，因为军用飞机随时可能因为军事需要而起降，所以必须一直为它们预留空余的航道。

"天空交警"如何指挥飞机？

在设计好航道和空中管制区等区域

加纳利空难：空管史上的黑色里程碑

1977年3月27日傍晚，在西班牙属地加那利群岛的洛司罗迪欧机场，发生了人类历史上迄今为止死亡人数最多的空难。由于浓雾和空管无线电受到干扰，分别属于荷兰航空公司和泛美航空公司的两架波音B747在跑道上相撞。飞机爆炸和燃油引发的烈火，导致583人丧生。

这起空难可以说集合了多种不利于飞行的因素。当时，加那利群岛的治所、位于大加那利岛的拉斯帕尔马斯机场，发生了一起恐怖袭击案。为了保证安全，西班牙当局关闭了机场，并指挥所有前往拉斯帕尔马斯机场的航班备降附近的洛司罗迪欧机场。

但洛司罗迪欧机场其实容量非常有限，设施也比较简陋。那一天傍晚，机场又被浓雾所笼罩，这使塔台空管人员无法看到跑道上的飞机，发生事故的两架飞机的飞行员也都无法看见对方的动态；再加上该机场的跑道中央灯故障，又没有地面雷达设备，因此在雾中维持运行就变得极为危险。

由于风向改变，已经"排好队"等待起飞的飞机必须在跑道上"逆行"，并且设法掉头进入起飞位置，以利用适合起飞的逆风。但对于波音B747这样的巨型客机来说，想要掉头就必须执行特殊的滑行路线，也就是利用跑道尽头的水泥地"借道"来完成掉头动作，并且在那里等待塔台的放飞指令。

当时，荷兰航空公司的B747-200客机已经晚点，而且在机场地面滑行过程中又耽误了一些时间，使飞行员们连续工作的时间已经快要达到公司划定的"红线"。或者说，如果飞机在一段时间之后仍然不能起飞，那么航班就必须取消，并等待另一组飞行员从荷兰本土赶来接班，这意味着相当大的麻烦。因此，荷兰航空公司的机长在巨大压力之下误解了塔台的指令，开始操纵飞机起飞；而由于荷兰机长的英语口音浓重，塔台也没有完全听清，就下达了"待命起飞"的指令来确保安全。但恰在此时，无线电受到了干扰，这进一步加深了塔台与荷兰机组间的误解，使荷兰机长继续控制飞机加速。而泛美航空公司的B747-100客机仍在跑道上"逆向"滑行，正准备离开跑道进入滑行道再掉头。

由于浓雾导致视线不清，双方飞行员意识到飞机即将相撞时，事故已经无可挽回。由于荷兰机长为节约在下一个机场加油的时间，起飞前特意为飞机加满了燃油，因此飞机的爬升率明显下降。这使它虽然以最大推力紧急起飞，但仍然与泛美航空公司的飞机拦腰相撞，随即失控坠毁。巨量的航空燃油引起了难以扑灭的火灾，导致数百人葬身火海。

之后，飞机就要"上路"。和地面上的城市里会有各种路口和公路桥梁匝道一样，航道也有各种交叉点和换向区域。指引飞机平安地飞行，是空管人员的责任，他们扮演着"交通警察"一样的角色。

一般来说，空管指挥大体可以分为3段。机场负责的这一段称为"起降"，也就是飞机降落和起飞的过程。机场通常设有一座高耸的塔台，或者功能相同的类似部门，塔台里面就有管制员，在自动化设备的辅助下，对飞机进行指挥，也协调飞机和机场地面车辆（旅客摆渡车等）以避免它们相撞。现代的机场已经非常庞大，不可能完全由管制员目视来完成所有指挥操作，因此机场引入了大量的自动化设备来辅助指挥。

○ 空管人员在进行空中交通管制

○ 现代机场形形色色的航空控制塔（摄影/马之恒）

飞机进入巡航高度之后，就由它经过的各个航空管制区进行管理，安全地完成巡航的过程。在这一阶段，空管的主要职责是帮助飞机保持间隔。巡航阶段的飞机速度很快，所以空管工作同样不轻松。飞机在飞行过程中，有可能会经过多个空中管制区。虽然乘客并不会对跨区飞行有任何感觉，但在飞机的驾驶舱里和地面上，不同空中管制区之间的交接是真实发生的。

空中交通网络有很强的"蝴蝶效应"。也就是说，交通网络上某个点的拥堵，会向周边的航道蔓延，导致一定范围内的连环延误。如何通过流量控制，把延误现象和由此带来的损失降到最小，是空管领域中非常重要的环节。

飞机起飞之后会急速爬升到600米左右，而巡航高度通常在6000米以上。这两者间的衔接，由进近管制部门负责。进近管制的职责，是引导飞机"排队"，飞到不同的航道上。这就像汽车开上高速公路之前，需要先进入匝道，再被逐渐引导到高速公路上一样。一些繁忙的机场，飞机的间隔非常密集，而这些飞机的目的地通常是不同的。因此，机场对飞机离场的航线、航向、高度，以及转弯的地点、时间都会有非常明确的规定，飞行员完全按照这些程序来飞行。起落和进近是空管中相对复杂的部分，大部分空难都发生在这两个阶段。

空管背后的技术支撑

现代空管是一个非常复杂的体系，因此，与高度计算机化的现代民航客机一样，空管系统也有大量的高科技设备加以支撑。正是得益于它们的助力，远超过人力所及范畴的空管系统才有可能正常运转。

　　根据设备性质加以划分，空管系统大体包括导航设备、通信设备、监控设备和自动化控制中心等模块。导航设备包括地面导航台和导航卫星，它们为飞机指明航路，使飞机不会盲目地到处乱飞。通信包括地面（不同空管部门间的）通信和地空通信，可能通过卫星或者以传统无线电来进行。监控设备通常是雷达，它们的职责是让地面人员能够知晓飞机的位置。目前，空管还是以人机结合的方式进行的。未来，我们有可能实现智能化的空管系统，也就是人的因素慢慢减少，更多的工作将交给计算机和各种自动设备。

　　一种值得注意的趋势，是导航正在从地面导航向卫星导航转换。GPS或者中国的"北斗"等卫星导航系统，正在构建起全天候、全域、高性能的导航网络，来为飞机提供导航服务。对飞机位置的监控，也将会交给卫星与飞机之间的数据链，并且直接告知空管人员，以克服目前雷达探测存在的盲区问题。此外，飞机与空管之间的通信，也将过渡到数字化。因为，人类语言传输信息的速率其实是很低的，如果直接以文字显示指令和数据，效率就会高很多。

　　随着全球经济的发展和人口的增长，未来全球航班总量将会越来越大，私人飞机的数量也将出现不小的增长。如何让这些飞机都能够安全、准时地完成各自的航程，是未来空管领域面临的巨大挑战。为了适应航空旅行的发展，人类的空管技术和方式呼唤本质上的升级与革新。

END

○航空监测雷达

观众问答

Q 在军事新闻里，时常会提到中国划定的"东海防空识别区"，那里属于限飞区吗？

陈志杰： "防空识别区"的概念，和我们日常民用的空中交通管理不太一样。每个国家都有其领海和领空，领海和领空之外就是公海和公共空域。划定某一个区域为国家的"防空识别区"，就是定义一块与本国领空、领海相邻的区域属于军事监视范围。出现在这个区域里的飞行器，有可能会被监视，以判明是否对本国的领空或领海有安全威胁。

所以，每一片防空识别区，比如中国的东海防空识别区，都是对民航客机开放的。很多国际航班会穿越东海防空识别区，它们只要正常飞行，就不会受到任何干涉。但如果这个区域里出现了可疑的目标，比如不明身份的飞行器，解放军就会出动武装力量前去巡逻，以驱离可疑目标或劝告其离开，以免它们闯入中国领空，或者对领海构成安全威胁。

Q 航空管制中的"进近"，在飞机降落阶段的职责是什么？

陈志杰： 一架民航飞机从起飞到进入巡航，或者从巡航到降落，大体是由3个部门接力管理的。从地面到距离地面600米的高度，通常是由机场塔台负责；飞机进入巡航高度，也就是在6000~10000多米这一段的不同的空层中巡航，是由航道管理部门负责。当飞机起飞离开机场，或者离开巡航高度准备降落的时候，衔接这两者的工作，就是进近管理。

塔台的主要职责，是为飞机分配恰当的起降跑道；航道管理部门的职责，是为飞机安排不同的航道，确保每一架飞机前后左右和上下都与其他飞机保持恰当的间隔。而进近管理在飞机降落阶段的主要职责，是帮助从四面八方来的飞机进入"排队"的流程，按照一定顺序和航线飞行，同时降低高度并对准跑道，为降落做好准备。比如说，北京首都国际机场的飞机，有可能来自日本（东）、澳大利亚（南）、法国（西）和加拿大（北，飞越北极的航线），假如它们在相近的时间到达，那么如何指挥这些飞机逐渐进入一条"排队"的航线上，以及跑道过于繁忙时引导飞机盘旋等待，就很考验进近管理人员的业务水平。飞机离开机场的时候，进近部门的职责与此相反，是将爬升中的飞机疏导到不同的航道上。

Q 关于2014年的马来西亚航空公司MH370航班失联事件，有一种说法认为，是飞行员故意让飞机迷航。假如飞行员故意切断飞机与地面的联系，那么如何重新让飞机回到正确的航道上？

陈志杰： 现在，很多远程航班，有一部分航道处于非雷达覆盖区，也就是雷达无法覆盖的区域，比如某些跨越大洋飞行的航线就是如此。为了弥补这种缺陷和可能的安全隐患，民航机会安装"自动相关监视系统"（ＡＤＳ），也就是通过卫星来进行监视。但如果飞行员出于某种特殊的目的，故意关闭了ADS，那么飞机就会失联，因为人们无法主动找到飞机的位置。

现代民航客机已经非常安全，但它们必须要由飞行员来驾驶，因此，人是民航飞行最大的安全风险因素之一。MH370事件提醒全世界注意到了目前航空管制方面的缺环，中国已经着手研发更为进步的自动系统，防止这类情况再次发生。

延伸阅读

MH370航班失联事件

马来西亚航空公司的MH370航班，是由波音B777-200ER宽体客机执飞的"红眼航班"（夜航班次）。2014年3月8日0时42分，当日的MH370航班由马来西亚吉隆坡国际机场起飞，前往中国北京首都国际机场，在起飞约40分钟后，于马来西亚与越南两国的空管衔接地带失联，此后杳无音信。

失联事件发生之后，马来西亚官方发布信息混乱无序，并对公布事故详情拖延推诿，使救援遭到延误并劳而无功。直到2015年夏，一部分可能属于MH370航班的残骸，才因为洋流作用，在印度洋西部（非洲东部）的莫桑比克、法属留尼旺等地被发现。2016年，这些残骸被确认属于执飞MH370的那一架客机。

时至今日，MH370的事故原因仍然有待确定。一种说法认为，飞机失联之后经历了"僵尸飞行"，即飞机航电系统完全失效，在茫茫大洋上迷航后只能坐等坠毁；另一种说法则认为飞机机长扎哈里·艾哈迈德·沙阿有作案嫌疑，因为他曾在家中用模拟飞行设备尝试过一条不寻常的航线，而且在这次飞行前不久有过情伤，具备蓄意导致飞机坠毁的动机。

陈志杰:

筑路蓝天的空中"交警"

跨学科人才走进新领域

1978年，年仅15岁的陈志杰考上了空军导弹学院，进入计算机专业攻读。本科毕业，陈志杰被派往一座位于河北省山区的雷达站。在基层部队度过4年之后，陈志杰考入南京理工大学，攻读电子与通信工程专业。毕业后，他又被分配到空军某研究所工作。在这个新的岗位上，他与空中交通管制结下了不解之缘。

20世纪80年代，随着中国经济的迅猛发展，民用空中交通运输量出现了爆发式的增长。飞行量增加的同时，民用航机也连续出现了多次空难，这严重威胁着人民的生命、财产安全，中国的空中安全形势也面临着严峻的考验。

反观当时的空中调配管理工作，除了少数从国外引进的空中交通管制系统外，绝大部分地区的机场还在采用较为原始的方法，空中管制员靠着桌子上的一部电台、一台电话、一把尺子和一支笔，采用简单的"目视指挥""手工操作"的方式，一个人通常只能引导几架飞机，效率低下不说，还很容易出错。

面对严峻的形势，上级要求陈志杰所在单位，着手研制军用新型自动化航空管制系统。陈志杰作为当时所内少数几个具有硕士学位的年轻人之一，凭借丰富的自动化系统管理维护实践经验，被任命为该项目的软件总工程师，成为空管技术研究的带头人。

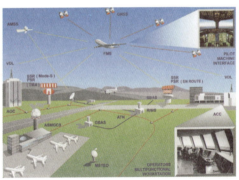

○空管示意图

与西方发达国家相比，中国在空中交通管制方面既缺乏设备又缺乏经验，几乎要从零开始。时间短、任务重，陈志杰发挥自己既懂硬件系统，又懂软件工程，同时还掌握雷达、通信、计算机、网络和航空器飞行等方面跨学科知识的优势，开始了全面的科研攻关。1993年5月，在经过两年的艰苦攻关之后，中国首套空中交通管制自动化系统研制成功，这标志着中国迈入了空管自动化的大门。

创新攻关突破技术封锁

20世纪80年代末，国际民航组织提出了"新航行系统"概念，把自动相关监视技术、卫星导航技术和数据链技术运用到空管系统中，实现对现有空管系统的全新能力升级。新航行系统实际上是以网络为中心，在数字化的通信、导航、监视基础设施支撑下的协同式空中管制系统。正是由于新航行系统具有强大的技术优势，能够实现对现有空管系统的跨代升级，所以美欧主要的航空发达国家，为了抢占空管科技制高点和国际话语权，形成更大的技术优势和标准优势，对中国进行了严密的技术封锁，只图抢占这块市场而不愿合作研究。

20世纪90年代初，陈志杰被派往美国麻省理工学院学习交流，这使他可以近距离接触到世界最先进的空管技术；同时，他也感受到了中国和西方在空管技术上的差距。回国之后，陈志杰立志要研发中国自主知识产权的新型空管系统。而此时，中国正打算从国外引进新型航行系统中的部分设备和技术。在谈判中，国外公司耍起了滑头，不仅在军事空管技术领域保密，还在民航空管技术上开出天价。

面对坐地起价的外国公司，陈志杰再次挑起重担，担任了全军一体化空管体系综合论证和系统集成项目的负责人和总设计师。

〇陈志杰院士和同事们在一起工作

在3年时间里，陈志杰联合了16个工业部门和科研单位的技术人员，进行了上百次的模拟实验，最终在2003年完成了达到世界先进水平的军队新型空管系统的研发。

目前，中国主要航线上的飞机飞行纵向间隔已由150千米降至20千米，飞行垂直间隔也由1200米缩小为300米。陈志杰与同事经历了13年的风风雨雨，他们攻克了80多个项技术难关，终于填补了国内10多项技术空白。

地震抢险空管建立功勋

2008年5月12日，四川省汶川县发生了里氏8级大地震。地震发生之后，通往汶川的陆路交通中断，空运成了抢险救灾仅有的"生命通道"。在成都市的双流机场，聚集了200多架不同型号的飞机，以及来自全国各地的大量救援人员和应急物资。

为了确保该空域的飞行安全，航空管制部门将东西长约180千米、南北长约240千米的空域设为临时空中管制区，按照"分时、分区、分高度"的原则，统一安排飞行计划，解决飞行冲突。为了确保一条条"空中生命线"和"空中绿色通道"的高效和顺畅，人民解放军总参谋部应急指挥办公室要求陈志杰所在的研究所紧急加装一套航管指挥终端，将全国飞行态势接到应急指挥办公室。根据之前的应急保障预案，陈志杰带领应急分队仅用了两个小时就完成了任务。在整个汶川地震的空中救援中，各类飞机共飞行6600余架次，如此高强度和复杂的飞行，充分证明了中国具备应对突发性大规模空中活动的协调和控制能力。

陈志杰为中国军用和民用航空事业的发展做出了突出贡献，今天，他的团队仍在致力于实现国家空管系统集成化和低空空域管理改革。这些工作将大大提高民航航班的准点率，并且进一步推动中国通用航空事业的发展。

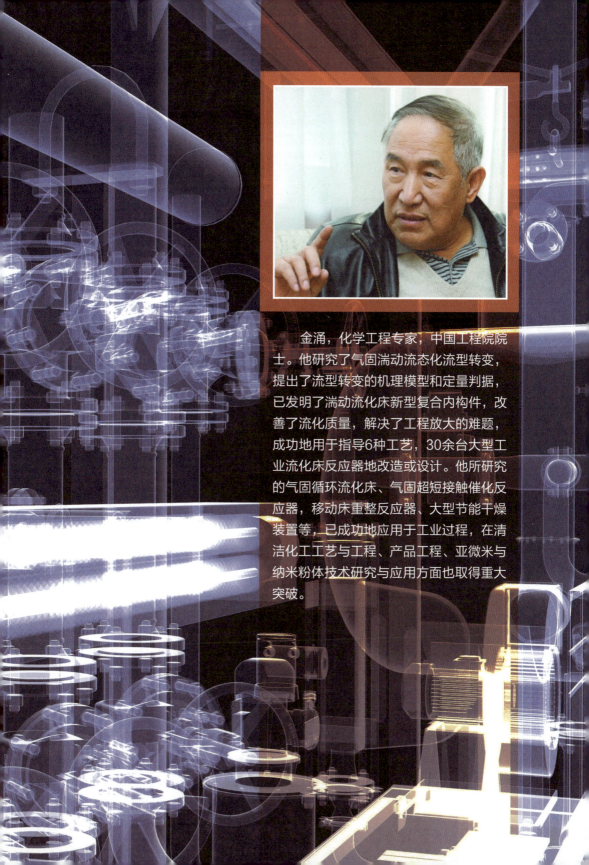

金涌，化学工程专家，中国工程院院士。他研究了气固湍动流态化流型转变，提出了流型转变的机理模型和定量判据，已发明了湍动流化床新型复合内构件，改善了流化质量，解决了工程放大的难题，成功地用于指导6种工艺，30余台大型工业流化床反应器地改造或设计。他所研究的气固循环流化床、气固超短接触催化反应器，移动床重整反应器、大型节能干燥装置等，已成功地应用于工业过程，在清洁化工工艺与工程、产品工程、亚微米与纳米粉体技术研究与应用方面也取得重大突破。

金涌院士：
造福人类的化学工程

摘要 在人类社会走向现代化的过程中，化学研究和化学工业的作用不可或缺。得益于一代代化学家的工作，人类得以更为有效地利用化石燃料和各种矿产资源，并且创造出性能卓越的新材料和药物。今天，化学正在与生物学、物理学发生越来越多的联系，并因此而具有了引人入胜的创新空间。

利耶·瓦谢尔，以奖励他们为复杂化学体系设计多尺度模型的贡献。这项获得化学领域全球最高奖项的成果，对于化学本身来说意味着什么？

答案其实很简单，这项研究成果提供了在计算机中尽可能精确模拟化学反应过程的可能性。但对于化学界来说，这样的可能性却来得很不容易。化学反应中最为关键的部分，可能仅需数微秒即可完成，这使运用试管的传统实验方式难以研究化学反应的详细过程。而且，在化学反应当中，分子链构型、大分子、小分子的状态都是瞬息万变的，远非人力可以计算。因此，现代化学已经不再仅仅是实验室学科，而是有相当多的计算机模拟来服务于研究。

这实际上是一个化学与物理学交叉的领域。科研人员设计出不同分子的计算模型，再由计算机工程师转化为模拟程序。但这些模拟软件，要么基于经典物理学来设计，要么基于量子物理学来设计，而两者看起来"水火不容"。事实上，这两种方法各有其优缺点。基于经典物理学设计的模拟系统，计算过程相对简单，而且能够模拟非常大型的分子结构，并向化学家们展示大型分子的精细结构；但它无法模拟化学反应的过程。基于量子物理学设计的模拟系统，则因为量子物理学本身的特性，不会带有任何科学家们的先入之见，因此这样的模拟将更加接近真实；然而，基于量子物理学设计的模拟系统，需要计算机处理分子内部的每一个电子和每一个原子核，其运算量或者说时间成本是惊人的。

从一次诺贝尔奖看化学

2013年10月9日，瑞典皇家科学院宣布，将诺贝尔化学奖授予3位美国科研人员马丁·卡普拉斯、迈克尔·莱维特和亚而这3位美国科研人员的工作，是在电子计算机性能尚不先进的20世纪70年代初，建立起了将经典物理学、量子物理学与化学联系起来的途径。他们的思路是，对于化学反应模拟中最为关键的部分，特别是对反应中自由电子状态的模拟，以量子物理学的方式来完成；而不太关键的部分，则以经典物理学的思路来考虑；至于化学反应所处的溶液，则被模拟得更为简单。这种"分级"模拟的思路，让计算机模拟大型分子参与的化学反应成为可能。

对于化学界来说，这意味着人们可以更快地分析油料在汽车发动机里燃烧的过程并加以优化，或者更好地研究药物在人体内发挥作用的机制。数十年过去，电子计算机的性能已经突飞猛进，但这样的思路仍然被保留下来，而且在新材料研究和生物大分子研究等领域发挥着巨大的价值。因此，这项学术成就能够获得诺贝尔奖，可谓实至名归。

学科交叉启迪创新火花

看过这3位研究人员的成果，有些人或许也会有这样的疑问：这项成果看起来属于物理学领域，为什么获颁诺贝尔化学奖？事实上，这早已不是诺贝尔化学奖第一次出现"不够纯粹"的情况。科技史学者的统计表明，到2013年，诺贝尔化学奖总共有20次被颁发给了看上去属于物理学领域的研究成果。但诺贝尔化学奖的这些发奖记录，正反映出现代化学与其他学科发生交叉的趋势。

从古希腊时代传承下来的哲学，在

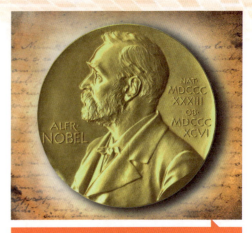

○诺贝尔奖奖章

文艺复兴时代逐渐分化成了物理学、化学、生物学、数学等独立的学科。而每个学科在发展过程中又有很多分支，比如化学就形成了有机化学、无机化学、物理化学等分支。这些分支不断地细化，形成更小的分支，最后发展为繁复的"学科树"。不同的"学科树"的某些"枝杈"有可能会发生联系，最终难分彼此，从而形成了大量的交叉学科。一些引人注目，深刻影响人类社会的科研成果，就出现在这些交叉学科之中。

运用细菌来合成化学品，是一个典型的化学与生物学的交叉领域。很多可能改变世界的新材料，正是得益于细菌的助力方才生产出来。在美国麻省理工大学，科研人员找到一种名为"M13噬菌体"的病毒。这种病毒对人类无害，又可以感染大肠杆菌。科研人员运用转基因技术，修改了M13噬菌体的遗传物质，再让它们感染大肠杆菌以大量繁殖。这项工作的目的，是为了得到M13噬菌体表面沉积的磷酸铁锂或者六氟磷酸锂。它们可以储存电

○ 中国的煤炭及化工厂

能，如果将它们附着在导电性能极佳的碳纳米管的表面，就得到了一种既能导电、又能储存电能的单元。磷酸铁锂、六氟磷酸锂的充电、放电速度都非常快，因此它们与碳纳米管的结合，有可能为新一代蓄电池的研究指明方向。

资源开发化学功不可没

为了满足日常生活中的各种需求，人类需要许许多多不同性质的材料。创造出原本在自然界中不存在的分子乃至材料，以及寻找元素的用途，都是化学研究需要解决的课题。

今天，地球上的化石燃料和各种矿产资源正在枯竭。在能源领域，煤炭促成了工业革命，但今天我们已经意识到，仅仅将煤当成燃料烧掉，其实是非常可惜的。煤不仅仅由碳组成，而是碳氢化合物，而且还含有很多的杂环化合物，这些都可能是有很高价值的资源。那么，我们是否有办法将煤当中的这些资源分离出来，只剩下碳作为燃料烧掉？

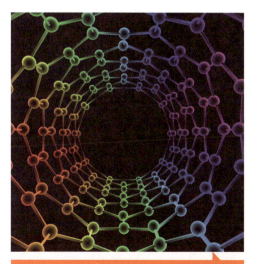

○ 碳纳米管

○ 各类化妆品

针对中国煤炭资源较为丰富，而石油资源极为有限的情况，化学家们寻找用煤炭来完成石油化工生产的途径，也缓解油价波动带给中国化工领域的冲击。我们知道，石油化工的基础不过是6类化合物，就是烯烃中的乙烯、丙烯、丁烯，还有属于芳香烃的苯、甲苯和二甲苯。凭借这些统称为"三烯三苯"的化合物，我们可以得到成千上万种石油化工产品，比如塑料、人工橡胶、化学纤维等等。因此可以说，假如我们能够对煤炭进行处理，设法得到这6种化合物，或者凭借储量也还算丰富的天然气来实现这个目标，也就建成了无需石油参与的"石油化工"。

今天，中国已经掌握了以甲醇来合成"三烯三苯"的方法，而且，以甲醇来合成芳香烃的技术，是由中国首创。这就让缺乏石油资源的中国有可能摆脱石油价格对化工的限制，并且在某些进口石油严重不足的极端条件下，仍然能维持石油化工体系的运转。

不过，在能源和矿产资源开发领域，还有不少值得化学界研究的问题。比如说，核能发电作为一种不产生碳排放的

新能源，如今得到了越来越多的重视。但天然铀矿中可以服务于核能发电的，是只占0.71%的铀-235同位素。那么，如何让占据绝大多数的铀-238同位素也能找到用武之地，以提高对核燃料的利用率？这也是需要化学来解决的问题。

对矿产资源的开发利用，也面临着诸多需要解决的问题。比如说，四川省攀枝花市的铁矿，其实是钒、钛、铁的共生矿。目前，我们可以充分利用铁和钒，但矿石中大量的钛并没有得到充分利用。然而，钛对于国防工业的价值是非常巨大的，因为它是一种耐高温的轻金属，可以制造高速飞机，而且钛没有磁性，如果用在潜艇上，不会被基于磁性运作的武器攻击。

化学工业创新方兴未艾

随着化学与其他学科的交叉，许许多多的新材料，或者更为有效地制取某些材料的方法，都有可能被发明出来。

比如说，汽车尾气污染是全世界范

○ 汽车尾气

围内的难题，因此，针对汽车尾气成分，世界各国制定了越来越严格的排放标准，以推动发动机厂商改进产品。在内燃机当中，柴油机的效率高于汽油机，可以减少燃料消耗，有助于节约资源；但如果柴油燃烧不充分，就有可能导致严重的污染。因此，德国老牌汽车厂商大众集团不惜采用作弊方式，为汽车设计特别的计算机程序来欺骗污染检测机构，被曝光后成为丑闻。但事实上，化学界已经给出了一种另辟蹊径的解决方案，那就是在柴油中放入名为"聚甲氧基二甲醚"的助燃剂。这种助燃剂的含氧量比较高，相当于为柴油机"补氧"，就像宇宙火箭自带液氧作为助燃剂一样，因此能有效改善柴油在发动机中的燃烧质量，提高热效率并降低污染。

"解铃还须系铃人"，解决化学工业导致的污染问题，洗涤化学工业早年因为污染留下的恶名，也同样有赖于化学研究。

而在创制新材料方面，化学研究更是大放异彩，为制造业提供进步的可能性。先进制造业需要多种拥有特殊性能的材料，比如拥有高强度、高耐磨、高耐热、高耐腐蚀、高磁性等特殊性能的材料，以及超结构材料、自组装材料等等。可以说，没有这些材料，就没有先进制造业。而它们的诞生和工业化制备，都有赖于化学研究人员的努力。

未来，在新材料、环境保护和矿产资源开发等领域，人类还面临着很多的挑战。已经发展得枝繁叶茂的化学，还有不少"处女地"尚待开发。

END

"我们恨化学"广告惹争议

2015年11月，某化妆品厂商推出了一则以"我们恨化学"为主题的电视广告，以不断重复的"我们恨化学"广告语，配合演艺明星的泪水，渲染该化妆品"纯天然"的理念和优势。广告在中央电视台播放之后，北京大学化学系教授周公度认为这则广告明显反科学，破坏化学教育，并准备起诉播放广告的中央电视台电视剧频道；在各类媒体和互联网自媒体上，"我们恨化学"的提法，也引起了广泛的质疑。由于舆论压力，广告很快被撤除。

事实上，所有现代化妆品的制造，都有赖于化学工业的参与，不可能做到"纯天然"。即使是看似简单的香皂，除了极少数以古代方法制造、价格高昂的"手工皂"之外，也都需要在现代化工厂的生产线上制造出来。而且，即使是标榜"纯天然"的"手工皂"，其实也利用了油脂和草木灰（相当于碱）之间发生的皂化反应。这种人类在数千年前就已经知道的经验性的化学知识，决定了"手工皂"同样算不得"纯天然"的产物。

我们当然需要谴责不符合安全与卫生标准的伪劣化妆品，但这并不能说明以现代化学方法制造的化妆品会给人带来伤害；在更多的时候，我们需要感谢现代化学研究和化学工业对化妆品领域的改进。从清洁身体（卸妆）、洗发护发直到粉底和描眉等基本的化妆步骤，现代化学工业提供了大量便于使用而且安全的选择。相比之下，古人在使用原始肥皂洗浴，用天然油脂护发，或者以重金属粉末来化妆的时候，往往需要忍受腐臭、不便使用等问题，甚至是重金属中毒的威胁！

观众问答

Q 门捷列夫创立元素周期表，是把元素按照一定规律排列到一起，今天的人们可以通过元素周期律推断一些尚未发现的元素的性质。那么，我们是否也可以建立一种数据库，把已知的化合物通过一定规律排列起来，发现它们的规律，从而推断出人类尚不知晓但可能存在的化合物？

金涌：对于信息学和化学的结合，这样的想法或许能够提供一些启示，但想要找到新的化合物，通常来说并不是仅仅通过推算已知化合物就可以做到的。目前，人们更倾向于研究模拟化学反应过程的方式，这意味着化学与很多个学科的交叉、合作。最终，我们会有可能揭开一些化学反应过程，以及新的化合物得以生成的化学机制。

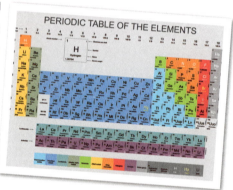

Q 在这个"大数据"大行其道的时代，化学界更偏重于通过分析同行的科研数据来确定研究方向，还是通过市场需求确定研究方向？

金涌：这两种方法各有其优势，一种是从基本的科学规律出发来创新，另一种是从人类的需求出发来创新。后一种创新方式能够出现，其实就是"大数据"在化学研究领域的反映。由于先前巨量的知识积累，化学家们建立起了"构效关系"的知识体系，也就是大体知道什么样的分子结构对应着什么样的功能。因此，当市场上出现某种需求的时候，我们可以反推具有这种功能的化合物，大体会有怎样的分子结构，选出不到10个可能的选项，再分别进行研究。这样的做法使学术攻关的试错范围大幅缩小，也能够使学术资源向有可能取得突破的领域进一步集中。

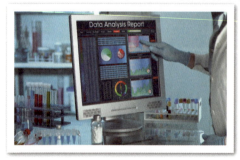

Q 我们能否通过化学方法，将某种元素变为另一种元素？

金涌：科技史研究者一般认为，炼金术是化学的雏形。如果以现代化学用语来表述，炼金术的目的，就是想要将一种元素以化学方法转化为另一种元素，比如说将铁或者铅等廉价的金属转化为黄金。但现在我们已经知道，通过化学方法完成这种转化是不可能的。核物理学提供了元素转化的方法，那就是核裂变与核聚变；我们也可以用某种

○ 化学材料可以通过化学试剂来合成

元素的原子核作为"炮弹"来轰击另一种元素的原子核，以制造出自然界中不存在的人造元素。但这些方法都不属于化学反应的范畴，而且实现的条件极为苛刻。

延伸阅读

人造元素

在元素周期表上，我们可以找到一些带有"*"记号的元素。它们是在自然界中不存在，只能通过核物理学方法人工制得的元素，被称为"人造元素"。

19世纪，沙皇俄国的化学家德米特里·伊万诺维奇·门捷列夫在编制元素周期表的时候发现，在人类已知的元素当中，有一些需要补完的"空缺"元素。因此，他不仅为这些元素预留了空间，而且通过计算预言了它们的性质。在这些元素当中，原子序数为43的"类锰"一直困扰着化学界，因为它似乎在自然界当中并不存在。

直到1937年，美国加州大学伯克利分校的物理学家欧内斯特·劳伦斯，使用他发明的回旋加速器加速含有一个质子的氘原子核，去"轰击"42号元素钼，才找到了这种元素。由于它是第一个用人工方法制得的元素，因此按希腊文Technetos（人造）命名为"锝"（Technetium）。1939年，劳伦斯因为发明回旋加速器和制成第一种人造元素的成就，获得了诺贝尔物理学奖。

今天我们已经知道，锝的所有同位素都是放射性的，因此，在漫长的地球历史当中，所有的锝都已经衰变。而今，人们如果想要得到锝，仍然只能通过人工方法制取，不过技术已经比较成熟。

在锝之后，人们又通过核物理学提供的"轰击"思路，制得了61号元素钷，从而补完了镧系元素。不过，后来人们又在自然界中发现了钷，因此它是否仍然算作人造元素，目前尚存争议。

更为重要的人造元素成果，是由美国著名化学家格伦·西奥多·西博格和埃德温·麦克米伦进行的"超铀元素"研究。我们知道，在自然界中可以找到的最重的元素，是原子序数为92的铀。因此，化学界将原子序数为93的镎，以及之后的所有元素，都称为"超铀元素"。从1940年开始，西博格总共发现了10种超铀元素。他也因为人造元素领域的研究工作，与麦克米伦分享了1951年的诺贝尔化学奖。

金涌：

以宽阔视野攀登科技的高峰

刻苦攻读拿下"红皮毕业证"

　　"特殊的历史环境，教育了我们这代人什么是责任，什么是使命感。而一个人要成才，首先要有信仰，要对国家、社会、家庭负责。"回望自己成长经历的时候，金涌如是说。

　　1937年，金涌仅仅两岁的时候，"七七事变"成为日本全面侵华的开始，日军很快占据了北平特别市（今天的北京市）。在金涌童年的记忆中，这座被侵略者占领的城市是灰色的，路边的鸦片馆麻痹着少数富人的神经，百姓往往吃不饱、穿不暖，到了冬天有人会冻饿而死。国家从前的贫穷、落后、屈辱，在金涌心里打下了深深的烙印。

　　新中国成立初期，国家工业建设需要大批技术人才，金涌因此被分配学习化学工程专业，和化工的不解之缘就此结下。1954年，19岁的金涌来到苏联乌拉尔工学院留学。当时，中国为一个（公费）留学生支付的费用是500卢布。"国家花了那么多钱供我们读书，假如考试你只得了3分（当时苏联的学校实行5分制，3分为及格），自己就会无地自容，

我们压力之大可想而知。"他说，"然而，要保证次次考试都是5分的成绩谈何容易。因为在苏联，每一门课程的考题涉及的知识点，可能来自课本中的任何一页，包括绪论和小结。教授会把300个考题做成考签，每位学生随机抽取，所以想要得到好成绩，就必须把书上的每个细节都读到。"

　　为了得到好成绩，金涌为自己制定了严格的作息表，每天7点起床，听课和自习直到0点才回到住处；即使一天中只有30分钟的空闲，也要排上学习计划。在乌拉尔工学院的5年里，除了每年下乡劳动的一个月，金涌每天生活的全部就是学习。最终，他拿到了红色封皮的毕业证书，那是以全5分成绩毕业的证明。

◎金涌院士早年工作照

历史契机结缘"流化床"

和金涌谈学术生涯，绕不开"流化床反应器"这个关键词。流化床反应器是一种利用气体或液体通过颗粒状固体层，从而使固体颗粒处于悬浮运动状态，并进行气固相反应或液固相反应的反应器。在化工行业，这只是一个小的领域，但金涌和他的科研团队，就是在这个小天地里执着探索，最终成就了一番大事业。

金涌与流化床反应器结缘颇为偶然。1975年，供职于清华大学化工系的金涌，与一名同事带着17名学生，到北京化工二厂"开门办学"，碰巧赶上工厂里一个直径3米、高40多米的流化床反应器损坏。工厂里决定设计新的反应器，而这个任务就交给了金涌的团队。

"我当时只在书本上见过流化床反应器，没有任何实际经验。所以，为了完成设计任务，我需要查资料、做实验、向老工人请教；对实在不熟悉的数据，就只能采用'笨方法'，戴着防毒面具钻到流化床里面，把一个长口袋绑在下料口，对单位时间内产出的颗粒称重。"金涌回忆说，"但这是非常危险的，因为设备里面管道很多，如果'迷路'就可能让防毒面具和管道纠缠在一起导致窒息，酸性的催化剂也同样损坏皮肤。不过，在边学边干的情况下，我们最终设计出了很可靠的流化床反应器。"

虽说进入流化床反应器领域只是偶然，

○ 金涌院士（右一）获奖

但金涌一直把这次"偶然"当作自己学术生涯开始的契机。1978年，清华大学化工系筹建反应工程实验室，流化床反应器被定为主要科研方向之一。金涌因为在化工二厂的经历，顺理成章地做起了流化床反应器的研究。

金涌和他所在的团队做出了大量实实在在的科研成果，让他和团队获得了众多荣誉和同行的认可。

团队建设拔擢新生力量

在数十年的科研生涯中，金涌一直很重视科研团队的建设，功成名就之后更是如此。他常说："所有的科研成果、成绩都是属于团队的。因为，一个人可以做计算、写文章，但是很难做工程。只有集体（合作）才能做大的工程。"

为了保证团队持续的"战斗力"，金涌很早就意识到，一定要把年轻的研究者推到一线，否则团队就容易老化。他说："年轻人有很多新思想，要把他们的智慧和才能发挥出来，必须给他们机会，让他们身上有'担子'。一些我的合作者不放心，我就告诉他们：'（年轻研究者的工作）如果出了问题，算我的；做好了，算年轻人的。'"

基于"决策让年轻人拿，责任让年轻人担"的思路，金涌早已不再做实验室具体的管理工作，而是高高兴兴地扮演着"智囊团"的角色。如果年轻人有技术问题，需要他来出主意，他一直很乐意参与到讨论之中。

现在，金涌已很少做具体的科研攻关工作，而是更多地关注循环经济和低碳经济，思考化学在这一领域的价值。他认为，中国的发展阶段与发达国家不同，先进与落后技术并存，或许可以从更广泛的角度发展循环经济，也就是优化资源的配置，在一定的范围内，让上游的"废物"成为下游的"宝"，使资源循环利用，从源头上治理环境污染。为了这个全新的宏大目标，耄耋之年的金涌仍在殚精竭虑。

珍惜 学生
时代，把握人生
时珠。由更为强大
的祖国他出贡献。
丁 峰
2016.10.28

丁文华，广播电视技术专家，中国工程院院士，现任中央电视台总工程师。从1996年开始，他负责组织完成了中央电视台对中国重大事件电视转播的技术实现，其中1997年香港回归交接期间，首次实现了72小时全程无间断电视直播，从此开创了中国电视直播重大事件的全新时代。2000年以后，他主持建立了新一代电视台网络化制播系统，使中国电视台节目制播效率大幅提高，部署成本大大降低，彻底改变了中国电视台长期以来依赖进口录像机的局面，全面推动了中国广播电视行业的科技进步，使中国广播电视的总体技术达到国际领先水平。

丁文华院士：
当奥运遇上电视

摘要 奥运会是吸引全球目光的体育盛事，但能到现场观赛的机会毕竟有限，因此绝大多数人都是通过电视观看各项赛事的实况或录像。从1936年柏林奥运会引入电视直播开始，奥运会便与电视结下了不解之缘。如今，对奥运会进行电视转播，已成为一项专业化程度极高的工作，代表着电视节目制作领域的顶峰；电视技术本身的进步，也正在为奥运赛事的传播提供新的渠道。

电视转播与奥运"结缘"

1896年，得益于法国著名教育家、历史学家皮埃尔·德·顾拜旦的推动，第一届现代奥运会在古代奥运会的举办地——希腊的首都雅典——召开。从那时起，除了因为两次世界大战而停办3届（1916年、1940年和1944年）外，（夏季）奥运会总是在每个可以被4整除的年份里如约而至。

如今，它已经发展成为世界公认的体育盛会，全球顶级的运动员在这里一争高下，践行"更高、更快、更强"的奥林匹克格言。

1936年的柏林奥运会，是电视技术与奥运会的第一次"结缘"。当时，纳粹德国政府把这一届奥运会视为宣传德国经济和科技实力，以及纳粹党种族主义政治观点的良机。因此，独裁者阿道夫·希特勒命令修建气势宏大的全新赛场，而且使用当时尚不成熟的电视技术，在场外布设了一些类似于今天户外楼宇电视的装置，以便路人有可能观看比赛。受制于当年的电视技术水平，这些原始的电视节目在品质上并不出众，但因为强烈的新鲜感而令人印象深刻。

第二次世界大战后，满目疮痍的欧洲因为丧失了大量的人口和财富，发展有所放缓，但电视技术的火种并未熄灭。20世纪50年代后期和60年代初，在各个

○ 雅典体育场的掷铁饼者青铜雕像

发达国家，电视逐渐走进了千家万户，并成为新闻传播的重要阵地。

因此，在1960年的意大利罗马奥运会上，电视台的摄制团队来到赛场，对赛事进行实况转播。但在当时，可以传输电视信号的通信卫星尚未发明，所有电视信号都只能通过微波中继的方式进行传输。由于地球存在曲率，人们必须每50千米就修建一座中继站。对于面积和中国大体相当的欧洲来说，这样的方式相当低效。因此，为了让尽可能多的人在电视上看到奥运赛事，欧洲各国付出了高昂的经济代价。至于大西洋彼岸的美国和加拿大等国，则因信号不易传输而只能观看录播节目。

不过，仅仅4年之后，电视转播的条件就已经大为不同。得益于20世纪60年代飞速发展的航天技术，美国研制出了可以传输电视信号的"辛科姆"卫星，并在1963—1964年间，将3颗"辛科姆"卫星发射升空，第一次为覆盖全球的电视转播创造了条件。1964年10月，第三颗"辛科姆"卫星顺利完成了传输日本东京奥运会电视信号的任务，卫星电视转播从此成

○ 1936年，德国柏林奥运会，男子体操比赛获奖者在颁奖台上

○ 2008年北京奥运会，鸟巢和电视转播塔（摄影/马之恒）

束了奥运会"赔本赚吆喝"的历史。尤伯罗斯的一项关键举动，便是出售奥运会赛事的电视转播权。

从那时起，电视转播权一直是奥运会商业利润的重要组成部分；赞助商广告和门票贩售等收入渠道，反而不是最主要的"盈利点"。这样的局面，与电视在全球的普及，以及人们通过电视画面直观欣赏赛事的渴求密切相关。随着互联网视频等新传播渠道对电视传播的扩展，这种趋势未来可能仍会持续相当长时间。

为奥运会不可或缺的部分。

1984年的美国洛杉矶奥运会，在现代奥运会历史上有着特别的意义。熟悉体育史的人们都知道，在这一届奥运会上，射击运动员许海峰取得了中国第一枚奥运金牌。不过，1984年的洛杉矶奥运会最大的价值，在于它确立了一种举办奥运会的新模式。当时，奥运会的筹委会主席彼得·尤伯罗斯，引入商业运作的模式，结

奥运电视制作走向专业化

1984年的洛杉矶奥运会在商业上是成功的，出售电视转播权也堪称有开创性的举措，但在电视节目的制作方面，受制于当时电视从业者的经验而留有各种缺憾。1988年韩国首尔（汉城）奥运会上，韩国的电视从业者吸取了前期的教

延伸阅读

直播见证传奇友谊

胡安·安东尼奥·萨马兰奇侯爵是现代奥运会发展史上的关键人物，但他更为中国人熟知的事迹，是他与中国著名乒乓球运动员邓亚萍的传奇友谊。

20世纪90年代，邓亚萍是世界上最优秀的女性乒乓球运动员，她在1991年世界乒乓球锦标赛上荣获冠军。看台上的萨马兰奇十分满意其高超的球技和勇猛顽强的比赛风格，这位热爱乒乓球运动的老人走下赛场亲自为她颁奖。次年，邓亚萍又在巴塞罗那奥运会上夺冠，萨马兰奇便与她相约1996年亚特兰大奥运会："你拿了冠军，我还亲自为你颁奖。"邓亚萍则以"一言为定"作答。

1996年，邓亚萍在亚特兰大奥运会上再次夺冠，萨马兰奇履行了自己的承诺。他除了上台颁奖外，还给了邓亚萍一个特殊的"奖赏"——在全世界亿万双眼睛的注目下，像对待自己的小孙女一样，抚摸了邓亚萍的双颊。

退役后，邓亚萍在萨马兰奇推荐下，担任国际奥委会运动员委员会委员，成为首位进入国际奥委会的中国运动员。

训，设计了一些预案避免犯同类错误。但在转播首尔奥运会赛事时，却出现了不少电视信号切换方面的失误，使观众错过了一些比赛中的精彩瞬间。

韩国在转播首尔奥运会赛事上的缺憾，使全世界电视从业者意识到，

○ 2016年里约奥运会上的长跑健儿

奥运会电视转播的复杂程度，已经超过任何一个国家电视节目制作水平的极限。唯一的解决方案，便是调集全球最顶尖的电视从业者，成立一个庞大的国际化团队；成员们则在其中各尽所能，把每一项赛事最精彩的一面呈现给观众。

1992年的西班牙巴塞罗那奥运会，成为引入这项全新机制的第一届奥运会。顶尖电视人才联手带来了另一种激动人心的变化，那就是对奥运会的电视转播跳出了体育比赛本身。电视转播不再是对赛事全过程的平铺直叙，而是开始带有由摄像机切换形成的镜头语言。如足球比赛中的

○ 水下拍摄奥运女子自由式游泳的游泳池

进球，就可以展示射门慢镜头的回放，并以特写镜头表现进球队员的兴奋和门将失误后的懊恼，乃至其他队员和双方教练的反应。这为电视观众赋予了比现场观众更为丰富的视角，使体育比赛转播变得更接近于电影艺术。

现代科技提供独特视角

从20世纪90年代直到今天，计算机和集成电路技术的发展突飞猛进。这使摄像机的体积有可能缩小，而且拍摄质量不断提升。因此，每一届奥运会，都会引入当时最为前沿的电视摄制技术和设备，为电视观众创造出超越现场观赛的视觉享受。

根据赛事的不同，奥运电视转播会用到很多不同种类的摄像机。如在游泳池里，就安装有一些水下摄像设备。它们可以从下方捕捉运动员在水中的状态。在一些快节奏且急剧消耗体能的游泳项目中（如短距离蝶泳），水下摄像设备就可以记录运动员冲刺的精彩瞬间，让赛事更有

○ 1960年罗马奥运会，美国运动员威尔玛·鲁道夫在100米比赛中冲刺

摄100米短跑引入最新的技术，并将其用到极致，来产生最具冲击力的电视画面。如，在100米短跑和200米短跑项目上，一些运用导轨的摄像系统可跟随运动员拍摄，得到稳定而且清晰的特写画面。运动员的冲刺阶段，则是特制的高速摄像机表现实力的机会。我们日常观看的电视节目，每秒钟包括25帧画面；但如果高速摄像机每秒拍摄250帧画面，再以正常帧数播放，就相当于将时间放慢10倍，让人们可以看清运动员冲过终点线的精彩瞬间。

冬奥会上，也有一些速度不亚于100米短跑的项目，如短道速滑和高山滑雪。对这些赛事的转播，也使用了类似的技术，使镜头能够跟踪运动员，并且记录下冲刺的精彩瞬间。这些技术有相当一部分是专为拍摄（某一项）体育赛事开发的，也代表着目前电视技术的极限。

可看性。跳水项目则可能使用一种特殊的摇臂系统来拍摄，因为跳水的看点是运动员起跳之后在半空中的翻滚等动作，以及对身体入水状态的控制，涉及从水上到水下的变换。运用摇臂系统和能够兼容水上与水下摄像设备，就可以拍下"一气呵成"的跳水镜头。

射箭是奥运会中规模相对比较小的项目，但也被不少观众所喜爱。电视从业者引入了可以装在箭靶上的微型摄像机，以拍下利箭飞来的情景和命中箭靶的瞬间。现代奥运会上的田径项目电视转播，一些特别设计的微型摄像机被安装到了赛场的各个角落。如在撑杆跳高项目的立柱上，就安装有微型摄像机，用以捕捉运动员越过横杆的瞬间。

每届奥运会上极为激动人心的项目——100米短跑，为了记录下选手们在比赛过程中的每一个瞬间，对"飞人大战"的转播，成为电视技术的"集大成者"。每届奥运会前，人们都会为拍

○ 随着人们对画质的追求，超高清电视信号将用于转播奥运会

技术发展带来全新可能性

在摄像技术飞速进步的同时，电视本身和传输电视信号的技术也在不断演进。在巴塞罗那奥运会时，使用阴极射线管的彩电尚是技术的主流；而到了北京奥运会时，很多中国家庭已经淘汰了这种电视，购买了显示效果更出色的液晶电视或等离子电视。电视技术的进步，让观众对画质的追求"水涨船高"，这成为奥运电视转播提升制作水准的动力。

2008年北京奥运会，是第一次使用高清电视信号进行转播的奥运会。而今，高清电视已相当普及，2012年的英国伦敦奥运会和2016年的巴西里约奥运会，都使用了高清电视信号，这在观众们看来已经稀松平常。如果将清晰度在高清基础上再提高一倍，就进入了"超高清"的领域。现在看来，突飞猛进的电视技术，有可能让2018年韩国平昌冬奥会，或2020年日本东京奥运会，成为第一届使用超高清电视信号进行转播的奥运会。

进入21世纪之后，互联网技术的进步，特别是最近几年里移动互联网传输效率的进步，使电视不再是观看视频节目的唯一渠道。因此，奥运会也在紧跟媒体发展的趋势，不仅从北京奥运会就开始考虑新媒体的传播需要，近几年里更是会根据新媒体的传播规律，提供一些特别制作的素材。

比如说，虚拟现实（VR）技术的流行，如今已是值得关注的趋势。激烈对抗的格斗类项目，比如柔道、拳击、跆拳道、摔跤等等，就具有开发VR节目的潜质。通过特殊的拍摄手段，我们可以为观众提供和裁判相近的视角，让他们可以通过VR设备，"近距离"感受格斗类项目的震撼。

随着计算机技术的发展，以及人类对内容创意的无限追求，未来的奥运会电视转播节目将会更清晰、更具临场感、更专业，让每个观众都能够体验到与现场观赛相当甚至超越的完美感受。

END

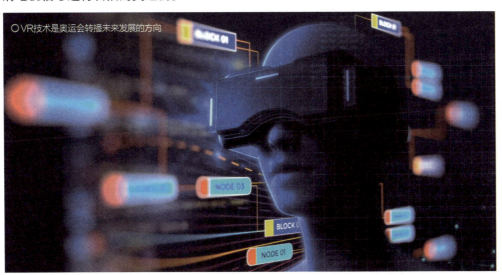

○VR技术是奥运会转播未来发展的方向

观众问答？！

丁文华：外场转播有一个基本的（技术）单元，可以是转播车，或者在现场搭建的电视转播系统。在这个转播系统里，包括部署在现场的所有摄像机，而每个摄像机都有编号，并对应着一路电视信号。这些电视信号会全部汇集到我们的转播系统里。转播系统包括视频

切换台和音频调音台，分别由视频导演和音频导演坐镇。这两名工作人员会根据整个赛事的进程，按照编号预设的编号指挥对摄像机的切换，以及音频的选择，及时呈现精彩的赛事实况。当然，仅有两名导演并不能完成赛事转播，一个转播团队包括了很多工种，比如字幕制作人员、负责慢动作重放的人员等。团队中的每个人都需要技术过硬，而且经过了长期的磨合，因为电视直播是不容出错的。

Q 如果想要成为电视节目导演，需要在学生时代做什么准备呢？

丁文华：现代电视节目制作，正在向着多学科融合的方向发展。电视节目制作是一种信息技术，而且涉及了图像采集技术、信号处理技术、通讯传输技术、计算机画面生成技术、（视频）制作技术等多个不同的领域。除此之外，电视节目导演还要学习电视节目的创作技术，比如镜头的语言组接、蒙太奇、色彩学、美学、构图学等等。如果从事电视剧的编导工作，还需要一定的文学素养。简而言之，电视节目制作，是一个结合了信息技术和艺术的行当。

"偷来"的电视信号

1978年，当时还名为"北京电视台"的中央电视台，转播了阿根廷世界杯足球赛的决赛和季军争夺战。这是中国大陆的电视台第一次对大型国际体育赛事进行电视转播。在香港一座酒店的房间里，著名体育解说员宋世雄完成了这项划时代的转播工作。

对于有幸看到这两场转播节目的中国大陆球迷来说，直接看到世界顶级足球赛事的全过程，而不必事后通过纸媒上简单的报道了解赛果，是一种难忘的体验。不过，由于当时中国大陆的电视普及率非常低，大部分农村甚至没有电能供应也没有电器；而且，此时微波中继传输系统尚未覆盖全国，能够传输电视信号的卫星更是无从谈起。因此，1978年这次世界杯转播，只有一部分城市居民才有可能收看。

多年以后，体育史研究者们发现，这次对世界杯足球赛的转播其实并没有得到官方授权。与奥运会一样，世界杯足球赛的电视转播权也采用商业运作模式，需要付费购买。但在20世纪70年代，受制于信息技术的发展水平，国际广播卫星的公共信号加密并不严格。这使电视转播团队能够利用酒店的卫星接收设备截取信号，并回传这些盗版的电视信号，从而完成了对球赛的转播。

丁文华：

着眼电视的未来

亲历奥运电视转播变革

1992年的夏季奥运会，在西班牙巴塞罗那举行。担任中央电视台播出部主任的丁文华，有幸参与了这一届奥运会的电视转播工作，也见证了奥运电视转播的变革。

在1984年美国洛杉矶奥运会开始出售电视转播权之后，这一届奥运会和接下来的1988年首尔（汉城）奥运会，在电视转播方面都有不少缺憾。这使全世界的电视从业者都意识到，奥运会电视转播的复杂程度，已经超过了世界上任何一个国家电视节目制作水平的极限。为了给电视观众奉上最好的奥运节目，就需要调集全球最顶尖的电视从业者，成立一个庞大的国际化团队，让各国电视工作者分别负责最擅长的项目的转播。1992年的西班牙巴塞罗那奥运会，成为引入

❍丁文华院士讲解奥运会转播经验

这项机制的第一届奥运会。

中国有着全世界最多的电视观众，为了满足他们的收看需求，中央电视台派出了极为庞大的团队，到前方去做电视转播。从1992年起，丁文华参与了每一届夏季奥运会和冬季奥运会的转播工作，以及2008年中国电视工作者开始参与国际化团队（OBS）工作的历史性跨越。

"在北京奥运会的时候，中国只负责羽毛球和乒乓球这两个项目的'公共信号'，因为那是中国体育的强项，电视工作者也很擅长。"丁文华说，"但在奥运会上，最复杂的'大项'是田径、体操和游泳。这3类项目决出的奖牌最多，转播时间最长，流程也最复杂。2012年的伦敦奥运会上，中国参与到了体操的'公共信号'的制作，这说明中国在电视转播体操赛事方面，已经成为全球第一。这是所有中国的电视工作者通力合作的结果。"

央视新址总设计师

作为中央电视台的总工程师，丁文华不仅亲历了奥运赛事电视转播的变革，以及中国在体育节目转播方面实力的提升，也在

○总工程师丁文华院士在中央电视台新台址启动仪式上讲话

备受业界瞩目的中央电视台新台址建设工程中，担任总设计师。

中央电视台新台址建设工程是国家大型公共文化设施建设项目，包括两座分别为52层、高234米和44层、高194米的塔楼，并由14层、56米高、1.8万吨重的悬臂钢结构连接，总建筑面积473000平方米，是中国面积最大的单体建筑。作为新台址电视工艺系统的总设计师，丁文华与同事们不断探索、不断实践，从一个个"制作岛"开始，最后构建起全台一体化的网络制播技术体系。

他说："我们将2000年以后的中央电视台10年来整体的网络化、文件化、高清化三个主要技术方向的经验，全部吸纳到新台址的电视工艺系统设计与建设中，目标是要构建一个全程文件化、网络化、全面高清的电视节目制作播出生态环境。它将为中央电视台今后20年的发展奠定基础。"

丁文华和同事们为新台址设计了符合数字时代的工作平台。系统的关键IT类设备，大量采用了国产存储、交换机等设备；电视台过去的"老三样"设备（摄像机、切换系统、录像机），在新大楼中也发生了巨大的变化。传统的磁带式录像机已经被淘汰，摄像机和切换台也只是系统中的一个组件，而IT系统占据了主要地位，以满足现代电视节目制作的需要。可以说，在中央电视台新台址启用的时候，全球还没有第二个完全实现全台网络化的系统。

按照丁文华的计算，新台址投入使用后，每天将要生产包括新闻在内的200小时的节目，形成两倍于旧台址的节目生产能力，而且是全流程文件化的高清电视节目网络制播体系。

布局电视传媒的未来

在新台址启用之后，军事博物馆附近的旧台址，将作何具体用途呢？丁文华对此已经有了规划。未来，中央电视台的旧台址将改建为电视台的内容生产基地、内容分发基地和新媒体基地，亦即电视台的第二制播基地，使全台的节目制作能力达到每天360小时。此外，中央电视台所有的公共频道会在新台址播出，付费频道在旧台址播出。

丁文华介绍说，中央电视台的旧台址，在未来不仅是一个B2B的内容分发平台，而且还会成为一个B2C的内容分发平台。它可支撑大量的内容分发业务，拓展除了电视以外的所有新媒体业务。届时，内容分发业务和中国网络电视台（CNTV）都会回到旧台址，构成一个大的产业化布局，电视台也从传统的广播者，变成内容供应商，或者说给电视以外的媒体也制作节目。

对于电视的未来发展趋势，丁文华有着深刻的认识。他认为，在技术推进方面，电视台首要考虑的战略方向是电视节目高清化。而后则是3D技术普及带来的对3D节目的需求。因此，未来的中央电视台，会以高清节目为主、3D节目为辅，而两者在可见的未来并不会取代彼此。随着技术的发展，这两类电视技术都会继续发展，带给观众更好的视觉享受。

○丁文华院士听工作人员讲解

Solution
Intelligence
Ideas
Inova

创 新 从
梦 想 开 始

创 新 在
执 着 中 实 现

谭天伟
2016.9.6

谭天伟，生物化工专家，中国工程院院士，现任北京化工大学教授、博士生导师、校长。他主要从事生物化工研究，在脂肪酶、酶固定化及酶催化合成化学品上进行了大量研究，实现了有机合成用脂肪酶和酶工业催化的工业化；建立了基于标志代谢物控制的发酵放大新方法，并用于酵母发酵产品的工业生产；开发了发酵废菌丝体综合利用工业化应用新工艺。

INNOVATE

谭天伟院士：

梦想与执着铺就创新之路

摘要 当今世界，科技创新是人类社会发展的主旋律。技术领域的发明创造，有可能为人们营造更为美好的生活。那么，创新思维的机制究竟是怎样的？培养、开发人的创新能力，是否存在某些可行的方法？从科技史上的创新故事当中，我们或许可以发现一项规律，那就是创新之路是由梦想和执着所铺就。

创新来自"灵光一现"

近年来，"创新"成为人们日常生活中的高频词汇。中国和世界上的很多大国，都将鼓励科技创新作为国家战略，使更多的优秀人才投身于发明创造之中，为

社会做出重要贡献。

创新需要深厚的知识背景和丰富的想象力、创造力。创新者凭借这些能力，将已有的要素巧妙地结合起来，创造出新的事物，甚至以此为生产或者生活带来巨大的改变。在漫长的人类历史上，创新故

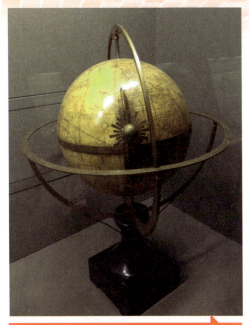

○ 对地球与太阳关系的认识，成为人类科学革命的起点（摄影/马之恒）

爱因斯坦创立的相对论包括狭义相对论和广义相对论，后者在物理学上的意义更为重要。相对论伟大的划时代意义在于，爱因斯坦通过这一理论，将原本不相干的时间、空间、质量这3个物理学概念结合到了一起。这种结合是爱因斯坦的伟大之处，在他之前，绝大多数人意识不到这些物理学概念之间的关联，经典的牛顿力学也没有提供这样的思路；爱因斯坦则以"灵光一现"式的判断，感觉这些概念有可能关联到一起。

另一个因为"灵光一现"而诞生的伟大科学发现，是美国人詹姆斯·沃森和英国人弗朗西斯·克里克提出了DNA的双螺旋结构。在20世纪中期，生物遗传物质脱氧核糖核酸（DNA）以怎样的形态存在，是生物学界关注的热点问题。英国和美国的顶尖的化学家和生物学家莫里斯·威尔金斯、罗莎琳德·富兰克林和莱纳斯·鲍林等人，都试图破解DNA分子

事和创新的思维方式不胜枚举。不过，所有的创新都可以大体分为两个类别，其一是以兴趣为导向的创新，其二是以需求为导向的创新。

我们熟悉的很多科学发现，其实都来源于科学家对某一个领域的兴趣，以及他们循着兴趣和个人见解进行研究，不盲从于前人（权威）的学术作风。波兰天文学家尼古拉·哥白尼对天体运行的机制感兴趣，并且认为当时欧洲流行的"地心说"的模型太过复杂，很可能并非天体运行的真实情况。他按照自己的思考研究下去，最终跳出流传上千年的"地心说"，对太阳东升西落的自然现象给出了新的解释，成为科学革命的开端。

阿尔伯特·爱因斯坦能够提出相对论，也和他对宇宙本质的兴趣密切相关。

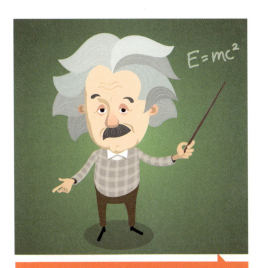

○ 爱因斯坦和相对论卡通图

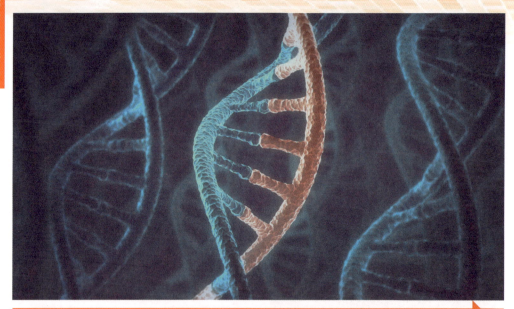

○ DNA双螺旋分子结构图

结构的奥秘。沃森和克里克能够取得最后的成功，与他们两个人的互补、不迷信权威，以及克里克此前的多次"跨界"经历密切相关。

克里克曾是一名物理学家，出于对生命运行机制的兴趣而转行，在生物学和有机化学领域自学成才。这种独特的"跨界"经历，使他相对更容易有超出常规的思维。当时，鲍林是世界上最有影响力的化学家，但在看到鲍林推导的三螺旋模型，以及富兰克林等人拍摄的X光显微照片之后，克里克和沃森意识到鲍林这一次犯了错误，DNA很可能是双螺旋的，并且迅速搭建起正确的模型。DNA双螺旋结构的发现开启了分子生物学时代，克里克、沃森和威尔金斯因为对DNA结构的研究工作，在1962年分享了诺贝尔生理学或医学奖。

社会需求成为创新动力

还有一些我们耳熟能详的创新成果，其缘起完全是社会需求。从人类基因组计划衍生出来的诸多科研项目就是如此。

人类基因组计划由美国科学家于1985年率先提出，于1990年正式启动。它的目的是要把人体内约2.5万个基因的30亿个碱基对的"密码"全部解开，同时绘制出人类基因的图谱。2001年，人类基因组工作草图公开发表，标志着人类基因组计划基本取得成功。4年之后，人类基因组计划的测序工作按照原定计划全部完成。

青霉素被发现和随后被开发为药物的过程，也很大程度上可以归因于社会需求。1928年9月25日，英国细菌专家亚历

莱纳斯·鲍林的失误

20世纪中期，在研究脱氧核糖核酸（DNA）结构的几组科学家里，美国著名化学家莱纳斯·鲍林被认为是最有希望取得成功的人。鲍林精于化学键本质的研究，也擅长生物大分子结构及其功能的研究，完成了对血红蛋白结构的测定。结合血红蛋白的晶体衍射图谱，鲍林提出蛋白质中的肽链在空间中是呈螺旋形排列的，这一理论成为分子生物学的开端之一。此时，鲍林距离破解DNA结构的奥秘，只差一步之遥。

运用分子生物学方面的知识积累，鲍林推导出了一个三螺旋的模型，但这个依靠纯理论建立起来的模型，其实是错误的。当时，英国的生物学界已经得到了DNA的X光图像，并且在一次科学会议上发布。但在大洋彼岸，鲍林因为呼吁和平、主张结束与苏联的对峙等与美国政府存在明显政见差异的举动，被美国限制出境，故而错过了这次重要的会议。随着詹姆斯·沃森和弗朗西斯·克里克建立起DNA双螺旋模型，鲍林的理论最终被证明是错误的。

但这一次失误无损于鲍林的伟大。1954年，他因为"对化学键性质的研究，及其对复杂物质的结构阐述上的应用"，获得了诺贝尔化学奖；1962年，他又因为反战活动，获得了诺贝尔和平奖，成为世界上少有的两名获得过不同类型诺贝尔奖的科学家之一（另一位是居里夫人）。而在到目前为止两次获得诺贝尔奖的4位科学家当中，鲍林是唯一两次都独享了奖金的人。

山大·弗莱明发现了青霉素，而这一发现其实是一项"美丽的错误"。此前的第一次世界大战中，弗莱明作为英国的随军医生来到了欧洲大陆。他发现，很多被送到后方的重伤员，并不是直接死于枪弹或弹片的杀伤，而是会因为细菌感染死亡或致残。感染源通常是一种空气中常见的细菌，叫做金黄色葡萄球菌。在当时，世界上还没有能够杀灭这种细菌的药物。

战后，弗莱明希望找到能够杀灭金黄色葡萄球菌的药物。在一次做实验的时候，他的培养皿没有清洗干净，度过一个周末之后，培养皿上的青霉菌已经繁殖，而青霉菌周围的金黄色葡萄球菌菌落被溶解。弗莱明并没有急着清洗这个出错的培养皿，他突然意识到，青霉菌可以分泌某种物质，达到杀灭金黄色葡萄球菌的效果。但以当时的技术，

○科研人员在培养基上培养的青霉菌

○ 实验室里用培养皿培养的青霉菌

他无法把这种物质分离出来。于是，他将这些青霉菌菌株一代代地培养，并于1939年将菌种提供给准备系统研究青霉素的英国病理学家霍华德·弗洛里和德国生物化学家恩斯特·钱恩。

弗洛里和钱恩在1940年用青霉素重新做了实验。他们给8只小鼠注射了致死剂量的链球菌，然后给其中的4只用青霉素治疗。几个小时内，只有那4只用青霉素治疗过的小鼠还健康活着。此后一系列临床实验证明，青霉素对链球菌、白喉杆菌等多种细菌感染的疗效。青霉素之所以

延伸阅读

中国生产青霉素的历程

中国自行生产青霉素的历史，可以追溯到抗日战争后期。

1944年底，战乱中的中国掌握了生产青霉素的技术，成为世界上最先制造出青霉素的7个国家之一。但在当时，美国和英国早已经加入到对日本作战的太平洋战争中，而这两个发达国家的青霉素生产能力更好，因此大量英美制造的青霉素，作为军援物资进入中国。这使当时处于统治核心的国民党政府高官宋子文产生了一种错觉，即认为中国所有的青霉素需求都可以通过进口来解决，不必再消耗资源自建药厂。在他的干预下，中国虽然掌握了生产青霉素的能力，却又主动放弃了大批量生产青霉素的努力。

新中国成立之后，新政府决定让青霉素自给自足。当时在上海的药学家童村（话剧《陈毅市长》中齐仰之的生活原型），是中国青霉素研究先驱、"中国青霉素之父"樊庆笙的好友，也是新中国成立之前青霉素批量生产工作的亲历者。童村受命担任华东人民制药公司青霉素实验所所长，主持领导青霉素工业化生产研究。最终于1951年3月13日，试制成功青霉素钾盐结晶。

1953年5月1日，由童村设计的中国第一座专业抗生素工厂——上海第三制药厂投产，开启了中国自行生产抗生素的历史。如今，中国的青霉素年产量已占世界总产量的大约75%，居于世界首位。

能既杀死病菌，又不损害人体细胞，原因是青霉素所含的青霉烷能使病菌细胞壁的合成发生障碍，导致病菌溶解死亡。到1942年，弗洛里找到了大量廉价生产青霉素的方法，批量生产的青霉素随即被运抵第二次世界大战的战场，拯救了千千万万士兵的生命。因为这项伟大的发明，弗莱明、弗洛里和钱恩分享了1945年的诺贝尔生理学或医学奖。

培养创新素质，营造创新文化

许许多多科技工作者的创新活动，从各方面改变着人类社会，让生产更为高效，生活也更为便捷。这些创新工作，离不开创新文化的土壤。古代中国人完成了伟大的四大发明，但到了近代，中国进入了创新能力的低谷，落后于世界潮流，从而导致了19世纪后半叶的悲惨命运。

那么，一个国家的创新土壤应该如何培养呢？最核心的工作，是要在全社会营造一种创新的文化。创新文化是什么？简而言之，就是敢于挑战（权威的结论）、跨学科交流，并且对事物保持理性思维。对于年轻一代，需要培养他们对真正的创新而不是投机取巧故弄玄虚的认同，也就是塑造他们的创新价值观。

中国社会，特别是中国的大学，应该怎么培养自己的创新文化？首先就是要培养敢于挑战权威的求异思维，要教育人们特别是年轻一代敢于超越前人。爱因斯坦曾经说过："提出一个问题往往比解决一个问题更重要。"这是因为，解决一个问题往往只是运用一种数学工具或者完成

我们要从小培养孩子们的创新意识

一个实验的技能而已，而提出新的问题，是从新的角度去看旧的问题，想到新的可能性，这就需要创造性的想象力，进而促使科学的真正进步。

跨学科交流和合作的氛围也非常重要。想要把原本看起来不相干的各种要素结合在一起，需要的是跨学科交流与合作。如果对比世界上最先进的一些教育理念，我们可以发现，中国的教育最缺乏两个关键因素，那就是跨学科的广度和对批判思维的培养。

下一项需要完成的工作，是培养人的理性逻辑思维。理性的逻辑思维是什么？是将具体的创造成果发展为一般的方法，并著书立说提出自己对这个事物的观点。古代中国有很多辉煌的发明创造，但在著书立说传播方法这一方面，往往是欠缺的，这就反映出理性的逻辑思维的缺失。

真正的创新，是将不同领域的要素，通过要素之间的相互作用，连接成一个具有新功能的系统。对人的创新能力的训练，一定要在创新文化的基础之上，培养人们敢于挑战（权威）的精神，通过理性思维形成自己的学说和立论，形成中国特色的原始创新。

END

观众问答?!

谭天伟：我的团队主要的研究课题，是分离污水中的重金属。为此，我要合成一种吸附剂，这种吸附剂既要有效，成本又不能太高，以免给环保工作带来经济负担。为了降低成本，我决定使用废菌丝体（一种发酵工业的副产物），因为它的成本极为低廉，我用它实际上是以废制废。

废菌丝体的吸附能力，来源于它表面的壳聚糖。壳聚糖是甲壳类动物（虾和螃蟹等）的甲壳中存在的一种物质，但用传统的工艺提取出壳聚糖，成本是很高的，所以我领导开发了使用废菌丝体提取壳聚糖的技术，得到了实用的以废菌丝体吸附污水中重金属的吸附剂。我的创新始于对降低成本的需要，围绕着"以废制废"的思路来思考，最终就真的找到了可以废物利用的途径。

○ 污水治理

Q 做研究的时候总会遇到一些坎坷、困惑，您是怎么去处理这些事情的？

谭天伟： 所有的科研，甚至世间所有的事业，都没有一帆风顺的，在工作过程中总会遇到一些困难。有的时候困难眼看就到了绝境，没有办法走了，真的是走不下去了，但是如果坚持，往往还是会柳暗花明。我经常在我们大学毕业典礼还有毕业晚会的时候，送给大家一句话，那就是"坚持，再坚持，再坚持一分钟可能你就胜利了"。在困难的时候坚持，这种意志非常关键；但是在具体做法上，又需要再想想，可能当前的方法行不通，需要换一种新的思路。做事要坚持，目标要坚持，但选取方法需要理性思考，有可能另外一种方法是可行的。

延伸阅读

一夜之城

16世纪，日本处于战国时期，占据尾张国（令制国，当时日本的行政区划单位）的大名（封建领主）织田信长攻打美浓国的大名斋藤龙兴。斋藤家族几代人精心营造了极为坚固的稻叶山城，想要攻取就需要在附近的墨俣建造一座堡垒，作为围攻的据点。但斋藤龙兴和家臣也能洞悉织田信长的意图，非常注意侦察织田信长方面运送建筑材料的队伍，并及时破坏其筑城计划。

当时主管织田信长军队军需工作的木下秀吉（后来改名丰臣秀吉）认为，墨俣城筑城失败的原因，在于通过陆路运输建筑材料的过程比较漫长，很容易暴露战术意图。因此，秀吉首先将建筑堡垒的木材运往木曾川的上游，避开斋藤军队的侦察，然后在夜间用木筏顺流而下快速运送到工地。建材运到之后，秀吉指挥蜂须贺小六等2000名野武士（担任雇佣军的破落武士），在一夜之间建造了墨俣城，号称"一夜之城"。这座突然出现的堡垒，带给斋藤龙兴和他的家臣们极大的震撼，织田信长随后很快就攻下了稻叶山城。

谭天伟：

寻找生物化学领域的"痛点"

三国导师塑造创新思维

　　每年开学典礼和毕业典礼上，身为北京化工大学校长的谭天伟都要说这么一句话："一个人的视野有多宽，他的事业就能走多远。"这句话，正是他在生物化学领域35年科研工作的写照。从1981年进入清华大学化学工程系，毕业之后远赴德国和瑞典求学，学成归国来到科研条件艰苦的北京化工大学拓展自己的事业，谭天伟走出了一条独特的创新之路。

　　从本科到博士研究生，谭天伟在清华大学鼓励原创的环境下，养成了独立思考的习惯。在德国，他的导师非常注重成果产业化，要求学生在解决学术问题的同时，也要考虑这种方法大规模推广的成本。谭天伟记得，在德国留学的时候，他曾经用3个月时间完成了一个实验，认为（以学术标准而言）做得很好，但德国导师把他的报告扔进了垃圾桶，并且告诉他，经济成本虽然是企业考虑的事情，但为了更好地进行成果转化，科研人员选题时也应该考虑成本。谭天伟的瑞典导师则非常注重创新。"这位导师对学生的一项基本要求，便是如果选题与前人有雷同，就不要干，而是要再去想。"导师对创新极致的追求，令谭天伟至今印象深刻。

　　1993年，带着"想为祖国做些事"的朴素观念，谭天伟离开了欧洲，来到北京化工大学做博士后，开始了他在这所高校的科研生涯。此时，3个国家不同的人才培养思路，已经分别从不同方面塑造了谭天伟的学术素养和科研风格。从学成归国直到今天，他在选择研究课题的时候，一直保持着既注重前瞻性，又考虑其产业化可能性和经济可行性的标准，不仅注重技术指

○谭天伟院士与学生在一起

标，同时看重经济成本。因此，由谭天伟的团队研究的课题，往往既处于行业前沿，又在科研成果转化和产业化方面拥有出色的成绩。

另辟蹊径攻克学科难题

在科研过程中，谭天伟经常鼓励年轻人要敢于创新。他相信，成功往往就蕴含在坚持一下的努力之中；只不过，一位优秀的科研人员，既需要拥有坚持到底的毅力，又应该善于发现新的方法，在"此路不通"的情况下另辟蹊径。

20世纪末，中国的维生素D产品大多依赖进口，因此国家将人工合成维生素D的研究列入"九五"（第九个五年计划，即1996-2000年）的攻关项目。谭天伟认为，承接这个项目将有助于提升北京化工大学的科研水平，便努力争取到了负责这项研究的资格。但随着项目的推进，谭天伟发现，（制造）维生素D的原料麦角固醇成本比较高，无法和国外产品竞争。因此，到中期考评的时候，评委们开始质疑这个项目是否能成功，甚至认为它很可能会归于失败。

但谭天伟没有放弃，而是致力于思考降低麦角固醇成本的方案。1997年暑假，他在参观华北制药厂青霉素车间的时候，看到被当成废弃物的青霉素菌丝体，突然想到这里面或许有他急需的麦角固醇。于是，他向药厂索要了一些青霉素菌丝体，带回实验室进行分析，

○ 谭天伟和他的学生

发现其中麦角固醇的含量竟然高达1%！

这项全新的发现，意味着一种廉价提取麦角固醇的新途径。谭天伟迅速调整思路，全力进行从青霉素菌丝体提取麦角固醇的工作，以"变废为宝"的"奇招"，解决了生产成本问题，合成维生素D项目也很快实现了产业化。可以说，正是对"1%的希望"的坚持，以及另辟蹊径之后为新路付出的100%的努力，促成了谭天伟最后的成功。

精打细算积累珍贵资源

在北京化工大学，谭天伟不仅以独特的科研思路闻名，也以对科研经费的精打细算闻名。1993年刚刚成为博士后的时候，他所拥有的仅仅是20000元的研究经费，这迫使他想尽一切办法紧缩开支。

当时，他需要到三台山（北京市东南郊亦庄开发区附近的地名）附近购买危险化学品，再带回位于北京城区东北三环的学校。因为这样的物品不能带上公共交通工具，而乘坐出租车或者包车又太贵，所以每次买危险化学品的时候，从学校到三台山的20多千米路程，谭天伟都要自己蹬着三轮车，来回骑上3个多小时。靠着这样的精打细算，谭天伟利用有限的科研经费起步了。

正因深知年轻人起步的艰难，谭天伟当校长以后，都会给每一位引进人才相应的启动经费，并且专门成立青年引进人才孵化平台，给青年科研人员提供过渡用的实验室及运行费，帮助他们更快地一展长才。

谭天伟也认为，早年公派留学的经历给了他开阔的视野和良好的科研素养，因此，只要是能够让师生开阔视野，或是提升科研能力的事务，作为校长的他就舍得"下血本"。无论是让学校师生参加高端国际会议接触行业前沿，还是把师生送到海外进行访学或是联合培养，他都愿意在学校不多的资金里，拿出求学和学术交流所需的经费，进行"好钢用在刀刃上"的智力投资。

本章结束语

　　在我们的日常生活中，工程科学技术无处不在。从公共建筑物的设计，到很多我们已经习以为常的新材料，再到构成信息时代基石的诸多技术，都离不开工程科学技术界奉献的智慧。所有这些技术，共同组成了我们所熟悉的"现代化"的生活。

　　然而，研发和完善这些技术的道路并不是平坦的。许许多多的先驱者，以超越常人的智慧和毅力，克服了无数难关，让全人类的生活向着更为美好的方向演进。不满足于现状而持续创新的精神，是人类最为宝贵的财富。

○创新是人类进步的动力和源泉

提出一个问题往往比解决一个问题更重要。因为解决问题也许仅是一个数学上或实验上的技能而已，而提出新的问题，却需要有创造性的想像力，而且标志着科学的真正进步。

——阿尔伯特·爱因斯坦

编委会名单

主 任

周 济

委 员

董庆九	马 林	王元晶	刘晓勘
郭 晶	张晓虎	吴晓东	黎青山
吴 媛	芦晓鹏	赵 峥	张 燕
郑召霞	郭永新		